40周
完美胎教圣经

陈倩 | 主编
北京大学第一医院妇产科主任医师、教授
中华围产医学会常务委员兼秘书长
中国优生科学协会常务理事、北京医学会常务理事

電子工業出版社
Publishing House of Electronics Industry
北京 · BEIJING

图书在版编目（CIP）数据

40周完美胎教圣经／陈倩主编．—北京：电子工业出版社，2014.3
（悦然·亲亲小脚丫系列）
ISBN 978-7-121-21372-4
Ⅰ．①4… Ⅱ．①陈… Ⅲ．①胎教－基本知识 Ⅳ．①G61
中国版本图书馆CIP数据核字（2013）第209135号

责任编辑：周　林
印　　刷：北京捷迅佳彩印刷有限公司
装　　订：北京捷迅佳彩印刷有限公司
出版发行：电子工业出版社
　　　　　北京市海淀区万寿路173信箱　邮编：100036
开　　本：889×1194　1/20　印张：10　字数：260千字　彩插：1
印　　次：2014年3月第1次印刷
定　　价：49.90元

凡所购买电子工业出版社图书有缺损问题，请向购买书店调换。若书店售缺，请与本社发行部联系，联系及邮购电话：（010）88254888。
质量投诉请发邮件至zlts@phei.com.cn，盗版侵权举报请发邮件到dbqq@phei.com.cn。
服务热线：（010）88258888。

PREFACE 前言

爱是贯穿于我们生命长河始末的一种情感。当一对恋人从恋爱到结合，最后有了爱情的结晶，无不是爱意浓浓。可是刚刚孕育的胎宝宝是否也能感受这份爱呢？答案是肯定的。

其实，胎宝宝有着让准爸爸和孕妈妈想象不到的惊人能力。胎宝宝的大脑在胚胎期就已经形成了，可以存储很多从孕妈妈那里感知到的外界信息，就像我们使用的电脑存储器一样。胎宝宝会把听到的、感觉到的事情，铭记在他们的脑子里。而接受了这一切的胎宝宝，在孕妈妈肚子里就开始为拥有良好的语言敏感度和认知能力打基础了，出生时就会具有某种素养，这种素养将会伴随孩子一生。

为了给胎宝宝创造一个好的环境，孕妈妈要时刻保持快乐的心情。而准爸爸和孕妈妈每天只需要付出一点点时间，说一会儿话，读一会儿书，唱一支歌，做一个游戏……就能让胎宝宝更舒适，更聪敏。

本书以孕周为记录单位，让孕妈妈可以了解胎宝宝的生理变化以及注意事项。这样一来，孕妈妈就可以在胎宝宝的不同时期选择不同的胎教方式，让孕妈妈面对胎教时轻松自如。本书还列出了孕期检查的正常参数表，孕妈妈可作为孕检时的参考。

那么，就让准爸爸、孕妈妈与胎宝宝共同度过充满爱意的40周吧。希望聪明健康宝宝的出生可以给全家人带来更多的欢笑与快乐！

目录

CONTENT

孕1月 幸“孕”来敲门

孕2月 真的怀孕了！

孕3月　长成一个小人儿了

孕4月 进入了比较舒服的时候

孕5月 不停活动着的小小舞者

孕6月 跟爸爸玩踢肚游戏

孕7月 多抚摸，多温暖

孕8月 看到外面的光了

孕9月 一起放松心情

孕10月 妈妈，我们就要见面了

40周胎宝宝发育进度表

孕1月	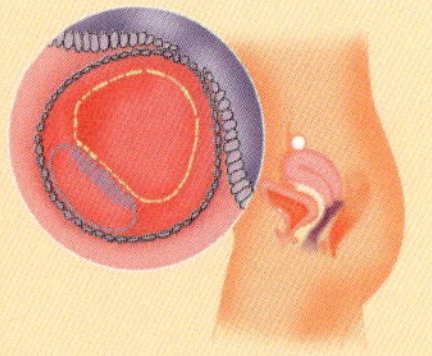 孕1月末期，胎宝宝身长0.5～1厘米，体重约1克，相当于5颗黄豆的重量	第1～2周 分别以精子和卵子的形式存在着		第3周 受精卵入住子宫 卵子和精子相遇，内含独一无二基因信息细胞的受精卵形成了	第4周 胚层和羊膜腔开始形成 胚层就是胎宝宝身体发育的开端。羊膜腔将在第4周成形，并在接下来的时间不停地长大，最终包围整个胎宝宝
孕2月	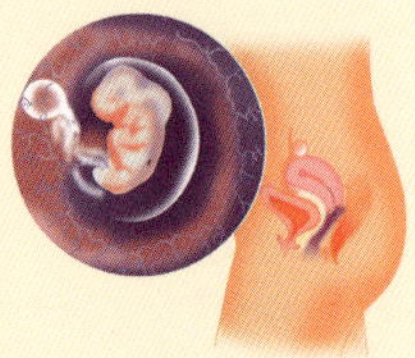 孕2月末期，胎宝宝的身长约2.5厘米，体重约4克，相当于1个小樱桃的重量	第5周 心脏开始跳动 细胞的分裂加速，胚胎增大。胚胎的心脏开始跳动了	第6周 血液在血管中循环 胚胎的血液开始在血管内流动，这是器官发生的开始，胎宝宝上肢的萌芽和脊椎、骨髓已经出现，血液循环开始进行	第7周 脸部开始有了轮廓 这个小小的胚胎，会让你联想到海洋里缩小版的海马。大脑开始迅速发育，已经可以识别出宝宝的眼睛、耳朵、鼻子和嘴巴的雏形了	第8周 手脚的大变化 现在开始，小胚胎以身长每天增加1毫米的速度增长着。胳膊、下肢变长，手脚被一个凹口同四肢分离，这个凹口日后便是手腕或脚腕
孕3月	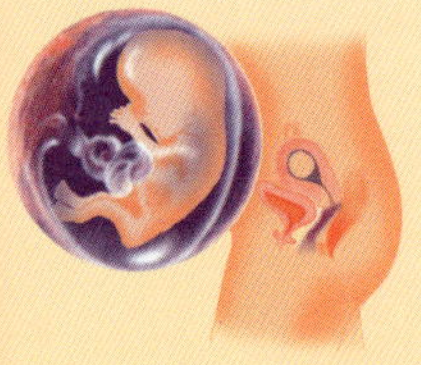 孕3月末期，胎宝宝身长7.5～9厘米，体重约20克，相当于2个圣女果的重量	第9周 每分钟新增十万个细胞 可以自己翻身了，纯粹属于反射情况。虽然胚胎很小，但能量越来越大，现在可以每分钟新增十万个细胞	第10周 手指和脚趾很明显了 心脏形成了最终的模样，每分钟跳动40下。神经细胞开始发育，手指和脚趾可以看得很明显，并且已经分开了	第11周 特征逐渐明显 本周最奇妙的现象就是人类特征出现了。双眼靠拢，耳朵也离最终位置不远了。嘴唇有了轮廓，头部能直立起来，并开始变圆了	第12周 小胚胎长成小人儿了 胚胎进入胎儿期，神经细胞的数量全速增长，并向大脑皮层移动来形成“大脑皮质”，毛发球囊在皮肤的最深层开始形成

孕4月	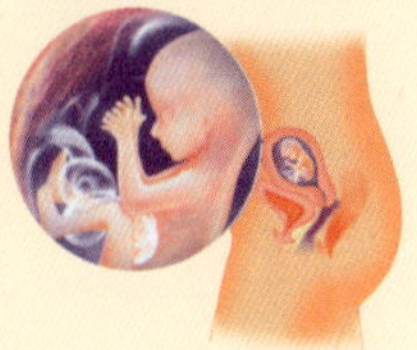 孕4月末期，胎宝宝的身长约16厘米，体重约120克，相当于2个鸡蛋的重量	第13周 神经细胞迅速复制 胎宝宝的大脑还不具有技能，还不能下达“命令”，但这阻挡不了神经细胞的迅速复制……	第14周 男宝宝还是女宝宝 性器官的分化已经完成，如果是女宝宝，则可以看到卵巢开始在骨盆中下垂；如果是男宝宝，则出现前列腺	第15周 开始吸入羊水了 开始吸入羊水，并通过尿液将其排出来，小家伙一直“沐浴”的羊水很有营养，当然，里面还包含了胎宝宝的尿液和皮肤代谢的细胞	第16周 四肢快速生长 腿长了很多，已经超过了手臂的长度，四肢与躯体已经成比例了；他在大约350毫升的羊水中漂浮，变得更加活跃了
孕5月	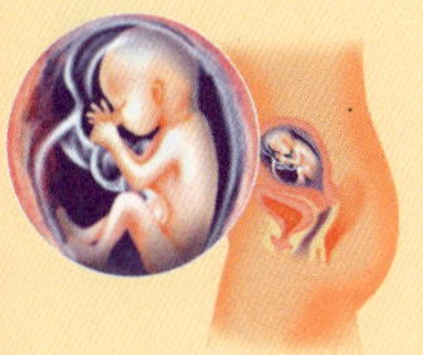 孕5月末期，胎宝宝的身长约25厘米，体重约250克，约为1个大鸭梨的重量	第17周 开始练习呼吸 两扇肺叶还不具有机能，没有发育成熟，但能通过胎盘的中介来进行呼吸，从孕妈妈的血液中吸氧供应给胎宝宝	第18周 妈妈能感觉到我的活动了 视网膜开始对阳光敏感了，但眼睑依然闭合。这周的奇迹是什么呢？就是孕妈妈可以感觉到胎宝宝在肚子中的活动了	第19周 阑尾现身 胎宝宝皮肤表面开始出现胎体皮脂，在皮肤上形成隔膜，保护其不受羊水侵蚀。在胎宝宝的内脏中，出现一个小小的伸张部分，就是阑尾	第20周 有了自己的指纹 孕妈妈平静而放松的时候，胎宝宝的活动感觉特别明显。胎宝宝是不是想跟孕妈妈沟通呢？他的首要身份证明印记——指纹出现了
孕6月	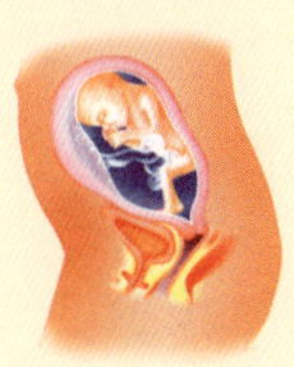 孕6月末期，胎宝宝的身长约30厘米，体重600～750克，约为4个苹果的重量	第21周 每天睡17～20个小时 胎宝宝用双手熟悉自己的身体和周围环境，变得越来越淘气了。但他仍每天睡17～20小时，轻度睡眠和深度睡眠交替进行	第22周 大脑增重90克 这周，胎宝宝的大脑以每月增长90克的速度发育，甚至更多。大脑中枢神经细胞开始划分出嗅觉、味觉、视觉专门区域了	第23周 有滋味地吸吮手指 胎宝宝已经会轻轻地、有滋味地吸吮手指了，现在需要的是进一步完善与吸吮动作相关的神经反射，到出生时这种反射就非常完善了，这对吃奶是至关重要的	第24周 虹膜有了颜色 皮肤在变厚，已经无法看到遍布在宝宝身体的所有血管了，开始存储脂肪，这对离开子宫、应对外界环境有帮助

孕7月	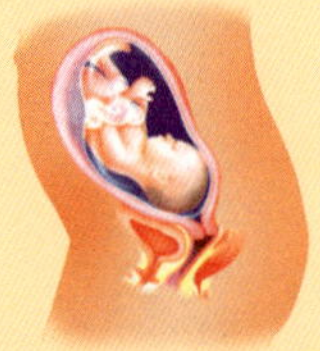 孕7月末期，胎宝宝的身长约35厘米，体重1000～1200克，约为1个柚子的重量	**第25周** **大脑中开始形成了网络** 大脑开始形成网络，神经元向着大脑皮层移动，这个过程直到出生也不会停止。不久后，胎宝宝的大脑就要发出指令了	**第26周** **翻身、蹬腿……活动得不亦乐乎** 胎宝宝的脸上，睫毛和眉毛已经长出。经常蹬腿、翻身、敲打子宫壁，胎宝宝正是通过这种方式熟悉了触觉	**第27周** **微微睁开的眼睛** 胎宝宝的眼睑处于微微开启的状态；脐带缠绕在他的身上，但是孕妈妈无须担心，遍布全身的脉管被大量的胶质物包裹，这种胶质物能防止“结节”的产生	**第28周** **肺部发育着** 胎宝宝的肺部发育，并分泌一种活性剂来保护肺泡，如果胎宝宝此时出生，在严密的医疗护理下，有一定的机会存活下来
孕8月	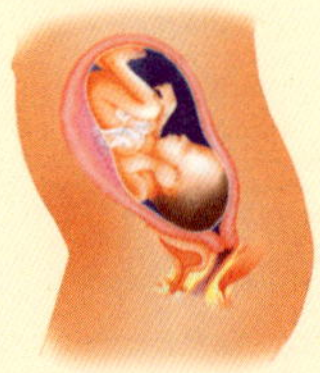 孕8月末期，胎宝宝的身长41～44厘米，体重1600～1800克，约为6个橙子的重量	**第29周** **有了快速且不平稳的呼吸** 颅骨还没有柔韧到可以相互分离以适应大脑快速生长。第8个月开始，呼吸平缓下来，有益于脑干的发育成熟	**第30周** **身体更圆润了** 胎宝宝体内的温度开始自动调整，由于不断累积脂肪的缘故，皮肤显得比以前更圆润了	**第31周** **吞咽羊水，练习呼吸** 这时，覆盖在胎宝宝身体上的绒毛慢慢消失。宝宝总是在吞咽大量的羊水，也越来越了解孕妈妈所吃的食物的味道。除了肺部和消化器官，所有其他器官都已经生长好了	**第32周** **胎宝宝占满了整个子宫** 在这个时候，胎宝宝几乎占满了整个子宫，还有一些胎宝宝狂热地吸吮着手指，以至于出生时，小手指已经变得很光滑了

孕9月	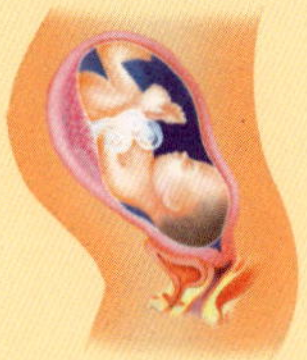 孕9月末期，胎宝宝的身长45～48厘米，体重2200～2500克，约为1个小西瓜的重量	**第33周 最后的翻转** 此时，胎宝宝完成了最后的倒转，出生的时候头就会处于靠下面的位置。一些胎宝宝还要等段时间才可以达到这种状态	**第34周 骨骼坚固，颅骨柔软易于娩出** 胎宝宝的骨骼变得更坚固，但颅骨却变得更柔软、更有韧性，这大大方便了分娩时脑袋的通过	**第35周 将来不愁没奶吃** 初乳已经在乳房中流淌，也将是宝宝吃到的第一次奶，是不是很神奇	**第36周 形成最初的胎便** 胎宝宝吞咽了羊水中的细胞和脂肪残质，以及囊泡的分泌和胆汁在肠道中的聚集，这种暗绿色的物质就是最初的胎便
孕10月	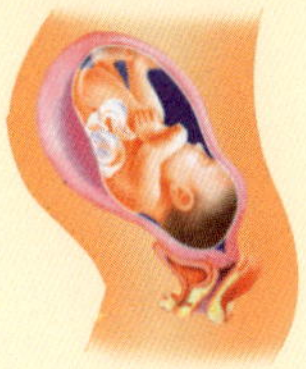 孕10月末期，胎宝宝的身长约50厘米，体重2700～3400克，约为2个哈密瓜的重量	**第37周 外貌更精致了** 胎盘大约重500克，直径约20厘米、厚度约3厘米，为了养育一个到了分娩期的小家伙，必须有这样的大小！胎宝宝的外貌更精致了	**第38周 翻转困难了** 胎宝宝的头在下，胳膊弯曲在胸前，再也不翻转了。但是孕妈妈仍会在1天内，至少感觉到胎宝宝动30次以上	**第39周 皮肤很光滑** 胎宝宝的头部直径约为9.5厘米，头围比任何其他身体部位都大。皮肤现在是很光滑的	**第40周 为出生做好了准备** 开始时无序的宫缩变得越来越规律，以便将胎宝宝推出孕妈妈的子宫

宝宝在妈妈肚子里的快乐时光

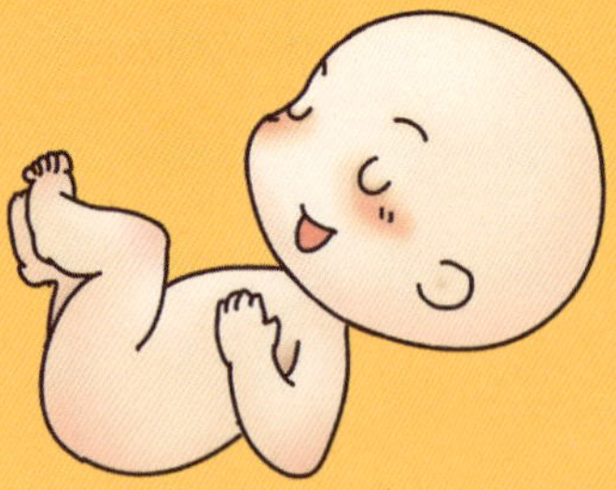

有时候身体会缩成一团

有时候会做跳跃的动作

有时候会被外界的声音吓到

有时候会在妈妈肚子里手舞足蹈

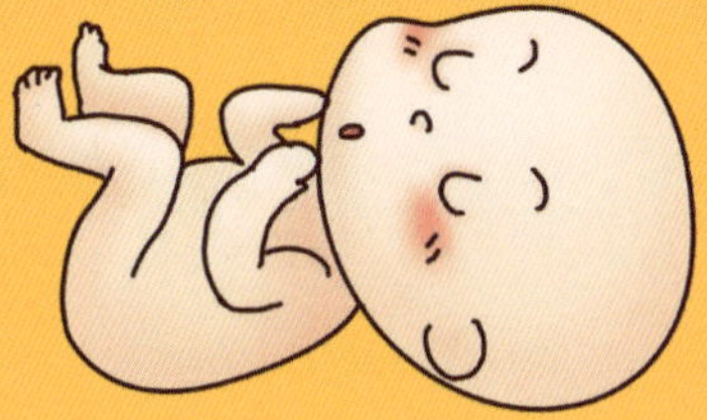

有时候就算你呼吸
妈妈的肚子也会动

你不开心或难受的
时候会狠狠踢妈妈

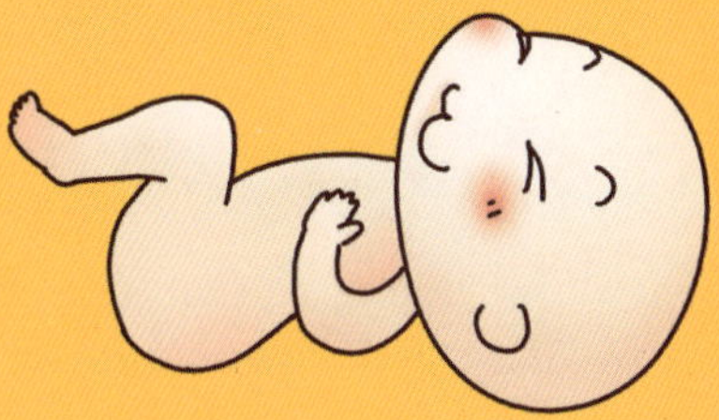

你会经常伸展
背部

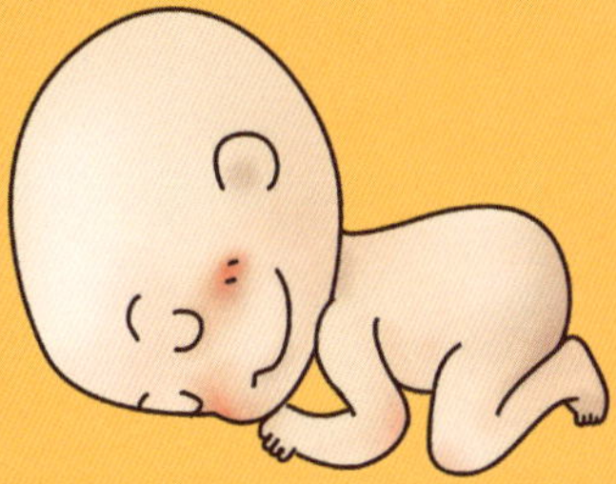

你还会做一些爬
行的动作

你还喜欢来回地
翻滚

你常常会打嗝

孕妈妈和胎宝宝

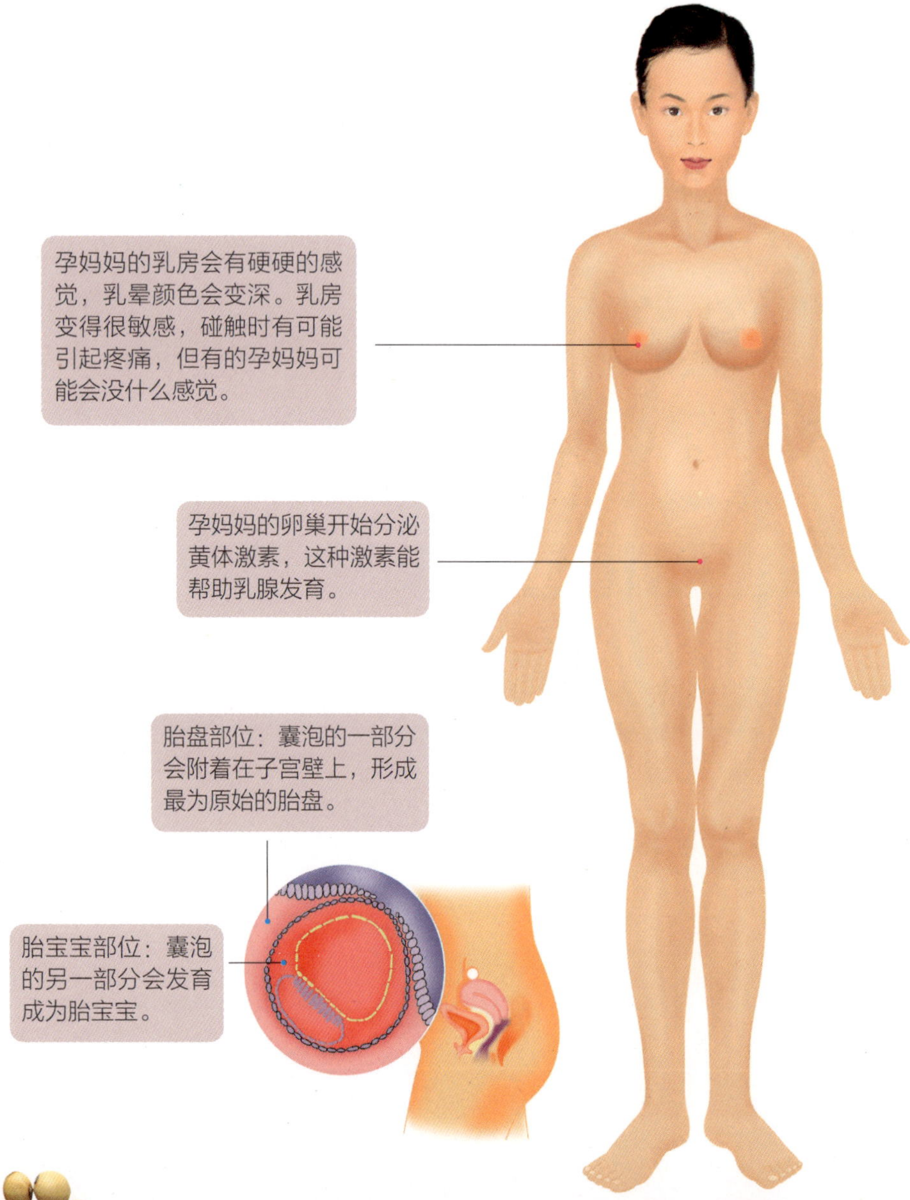

孕妈妈的乳房会有硬硬的感觉，乳晕颜色会变深。乳房变得很敏感，碰触时有可能引起疼痛，但有的孕妈妈可能会没什么感觉。
孕妈妈的卵巢开始分泌黄体激素，这种激素能帮助乳腺发育。
胎盘部位：囊泡的一部分会附着在子宫壁上，形成最为原始的胎盘。
胎宝宝部位：囊泡的另一部分会发育成为胎宝宝。

孕1月末期，胎宝宝身长0.5～1厘米，体重约1克，相当于5颗黄豆的重量。

孕1月

幸“孕”来敲门

第1天 准备好心情、好身体

孕妈妈健康生活馆

检查一下自己的生活、工作环境和生活习惯，避开影响健康怀孕的危险因素，如烟酒、辐射、噪声污染、农药和有害化学物质等。

计算好自己的排卵期，在排卵日当天或提前1天同房，能提高受孕概率。

完美准爸爸进修课堂

为了迎接小天使的到来，准爸爸首先应和妻子一起制订孕期日程表，列出每个月该做的事情，为小宝宝的到来做好准备。

准爸爸要注意摄取一些富含锌元素的食物，如牡蛎、豆类、花生、牛肉、鸡肝、葡萄、番茄等，能帮助提高精子活力。

由于精子成熟期是3个月，所以，准爸爸应该更早就开始健康生活，比如戒烟酒等。

孕1月饮食宜忌

叶酸最好从备孕时就开始补充，持续到孕后3个月。叶酸有助于预防神经管缺陷，降低胎宝宝出现唇裂的概率。

饮食中，增加富含叶酸的食物的摄入，如菠菜、油菜等绿叶蔬菜和动物肝脏，有益于胎宝宝的神经系统和大脑发育。

一些性味寒凉的食物，如芦荟、螃蟹、甲鱼、薏米等，活血化瘀的功效比较强，容易导致流产。孕妈妈应尽量避免食用。

怀孕初期，一些孕妈妈容易犯困、嗜睡，不要认为是工作太累而用咖啡来激发身体的动力，应该敏感些，看看最后一次月经的时间。

国学课堂

岁寒，然后知松柏之后凋也。

到了寒冷的冬季，才知道松树和柏树是最后萎谢的。

第2~3天 了解一下宝宝是怎么来的吧

怀孕所需的4个必备条件

（1）睾丸能够产生数量足够、形态和活力均正常的精子，精液能顺利输送。

（2）卵巢能产生正常的成熟卵细胞，并能分泌出一定量的激素，输卵管道畅通无阻。

（3）在女方排卵期前后一定时间内，夫妻进行正常的性生活，男女双方的生殖器官构造和功能正常，且能保证精子进入女性阴道与卵细胞顺利结合。

（4）健康的子宫和子宫内膜，适合于受精卵的着床和继续发育。

以上各点缺一不可，任何一个环节出现问题，都容易造成不孕不育。

受孕是精卵结合的过程

受孕是一个非常有趣的过程。卵细胞自卵巢排出后，进入输卵管。此时，若夫妻同房，一次射出的精液为2～6毫升，里面含有的精子数为6000万至2亿多个。精子会在输卵管外侧1/3处与卵子相遇。只有一个强壮的精子能捷足先登，精子的头颈部不停地向卵子的中心移动，渐渐和卵子的细胞核接近，最后，精子和卵子的细胞核融为一体，这时的卵子就成为“受精卵”。

受精卵依靠输卵管的蠕动和输卵管内部的细纤毛摆动，在四五天后到达子宫腔内着床。受精卵在运行过程中和着床后，细胞不断分裂、变化，即1个变2个，2个变4个，4个变8个……最后就形成了胚胎。与此同时，子宫内膜也做好了一切准备，用疏松的温床和丰富的养料，准备迎接未来的小客人。这就是受孕的经过。

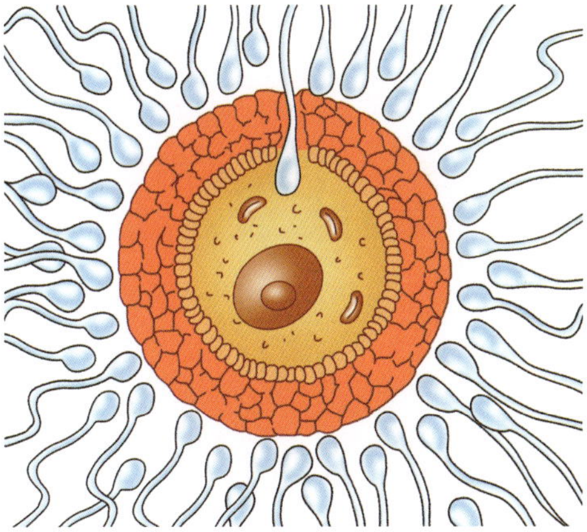

精子与卵子的美丽邂逅。

国学课堂

学而时习之，不亦说乎？有朋自远方来，不亦乐乎？

学习并且不断温习，不也很愉快吗？有朋友从远方来，不也很快乐吗？

第4~5天 未来的胎宝宝是有思想的小人儿

科学证实，28～37周的胎儿大脑皮质已经具备了思考的能力，其神经组织与新生儿几乎没什么两样，说胎宝宝有思想一点都不过分。先来用高科技手段看一下胎宝宝在妈妈肚子里做些什么吧！

胎宝宝会笑

胎宝宝并不是在出生后才学会笑的，而是在出生前数周就学会了微笑。科学家认为这是一种情绪或生理反应，是胎儿出生后为适应外面的世界所做的准备。由于刚出生的小婴儿置身于一个完全陌生的环境中，所以反而不会笑了。

胎宝宝会哭

多数胎宝宝在还没有出现在分娩室时，就已经在子宫里哭过了。他们的哭是多种多样的，有的是低声抽泣，有的是表情夸张的大哭。

胎宝宝会看

胎宝宝在第4个月对光线就有反应，到了第7个月就能分辨光线的强弱，到了第9个月就能看清东西了。如果用手电筒有节奏地照射孕妇的腹壁，胎宝宝不仅会睁开眼睛，还会把脸转向有光亮的地方。

胎宝宝会听

胎宝宝从4个月开始就能听见声音了，到了6个月，就能分辨出妈妈的声音和其他的声音了，到了8个月，宝宝甚至能区分声音的高低强弱。

胎宝宝喜欢做运动

一般从第9周开始，胎宝宝就在子宫内活动了，他会动动胳膊，伸伸腿，乐此不疲。

胎宝宝会发脾气

胎宝宝在第1个月时就会对周围的刺激有反应，在第2个月时，受到刺激会通过蹬腿、摇头等动作，来表达自己是喜欢还是讨厌；到了第6个月时，会因妈妈的情绪不佳等因素而发脾气。

胎宝宝有记忆

胎宝宝会对外界的刺激和孕妈妈的情绪、感知觉有明显的反应，并且能够形成胎内记忆。

国学课堂

不患人之不己知，患不知人也。

不怕别人不了解自己，就怕自己不了解别人。

第6~7天 胎教，自己喜欢最重要

现在，胎宝宝连个影子都没有，分别以精子和卵子的形式存在于父母身上。但是着急的准爸爸孕妈妈已经在想着要给他们的胎宝宝什么样的教育了。实际上，胎教是自由的，采取何种形式并不是最重要的，只要安全，只要能够让孕妈妈平静、愉悦，能与胎宝宝产生情感和心灵上的沟通和互动，就都是好的胎教。在本书中，我们提供了很多胎教素材，孕妈妈可以按照自己的习惯和喜好，从中选择最愿意做的，并且可以发挥想象，用自己的方法与胎宝宝交流互动。

孕妈妈心情愉悦，那就是最好的胎教时机

愉悦的情绪，能够让人的血液中氧气充足，也有利于孕妈妈和胎宝宝保持平静、放松的状态。在这种情况下，胎宝宝更愿意接触外面的世界，也更具好奇心，并具有孕妈妈乐观、愉快的个性。相反，孕妈妈若经常处在紧张、忧伤等情绪当中，生出的宝宝也容易身体功能失调，躁动不安，易受惊吓。

因此，只要孕妈妈感到舒适，并且感到胎宝宝在醒着，就可以随时将自己听到、看到、想到的内容与胎宝宝分享。但需要注意的是，听胎教音乐的时间不可太长，每次应控制在20分钟以内，刚开始实行胎教时，时间要更短一些，毕竟胎宝宝也需要充分的休息。

胎宝宝喜欢重复

要知道，胎宝宝不怕重复，更喜欢熟悉的东西，一次又一次，不厌其烦。所以，有一天你会发现，当你为他唱一首熟悉的歌曲，或背诵一首熟悉的诗歌时，他会轻轻蠕动。

所以，对那些你和胎宝宝都喜欢的东西，就不厌其烦地重复吧。在和胎宝宝聊天时，在听音乐、讲故事时，都尽量选择胎宝宝熟悉的内容，这样胎宝宝会更有兴趣。

随时关注胎宝宝

胎宝宝是一个有感知、有情绪的生命，渴望得到爸爸妈妈的关心。因此，准妈妈准爸爸要让宝宝感受到你们在关注他。早上跟他打声招呼，晚上跟他道声晚安，让他随时感受到你的爱。

国学课堂

人非圣贤，孰能无过？过而能改，善莫大焉。

我们平常为人处世难免会说错话、做错事。做错并不可怕，知道错了，改了，不再重犯，就是一件幸事。

第8天 吃对食物，精壮卵肥

适合准爸爸吃的补精食物

食物	补精功效
枸杞子 	补肾益精，养肝明目。能够明显增强性功能
香蕉 	香蕉中富含镁，镁可以增强精子的活力，提高男性的生育能力
羊肾 	补肾，益精。能有效增强性功能，改善性趣不足
牛肉 	牛肉中的锌含量丰富，锌不但是构成精子的重要元素，还和精子的产生过程密切相关
牡蛎 	牡蛎中锌的含量是目前所知的天然食物中最为丰富的，是天然的补精良药

适合孕妈妈吃的助孕食物

食物	助孕功效
红枣 	红枣有一定催情作用，妇女常吃红枣，可增强性欲
鸡蛋 	含蛋白质、脂肪、多种维生素、锌、钙、磷及铁等，是性生活后补充体力的最佳食物
芦笋 	富含叶酸，有助于胎宝宝的神经管发育
干果 	如葵花子、核桃仁、杏仁、花生、松子仁等，有健肾、补血、益胃、润肺等功能
豆制品 	豆制品富含蛋白质，被人体吸收后会变成“精氨酸”，可增强性功能，消除疲劳

国学课堂

知之为知之，不知为不知，是知也。

知道就是知道，不知道就是不知道，这是真正的智慧。

第9~10天 要知道的3个怀孕时机

未孕妈妈这几天就要注意了，就要到怀孕的关键时刻了。提前了解一下怀孕的奇妙过程，关注自己身体的变化。

排卵期

排卵期是指每月女性的成熟卵子从卵巢排出的阶段。一般来说，正常生育年龄的女性卵巢每月只排出一个卵子，排卵日期一般在下次月经来潮前的14天左右。卵子排出后可存活1～2天，1天之内的卵子质量最高；精子在女性生殖道里可保持受精能力2～3天。因此，在排卵前2～3天和排卵后1～2天同房，就有可能受孕。如果没有精子与卵子结合，卵子将在排出2天后逐渐退化，随下次月经一起被排出体外。

除了通过月经来潮日期判断排卵期外，也可以通过阴道黏液的变化来大致推测排卵期。在排卵期前1～2天，阴道会变得越来越湿润，分泌物增多，并且用指尖触摸分泌物可以拉出很长的丝来。

受精

男性一次约射出2亿个精子，射入女性体内的精子摆动尾巴在输卵管中逆流而上，大约有100万个精子能够到达卵子所在的位置，但最终只有其中最强壮的精子才能与卵子结合。精子与卵子结合后，精子的尾巴消失，头部膨大，并形成了含有46条染色体的细胞——受精卵。

着床

受精卵形成后，一边发育一边向子宫移动，经过3～4天到达子宫腔，在子宫内发育4～5天后，植入子宫内膜。着床以后，受精卵才能从母体中获得充足的营养物质，以满足胚胎发育成足月胎儿的需要。从这时起，宝宝有了安定的家，也开始了真正意义上的在子宫中的生长发育。

国学课堂

礼之用，和为贵。

礼的应用，以和谐最为重要。

第11~12天 古人原来也做胎教

胎教可不是现代才有的，我国古人就特别注重孕妇的道德性情修养，要求遵循一定的生活准则，避免各种不良刺激。

司马迁在《史记》中曾有记载："太任有妊，目不视恶色，耳不听淫声，口不出秽言，食不进异味。"这段话是说周文王的母亲太任在怀孕的时候，不看不好的东西，不听难听的声音，不说狂傲的话语，不吃辛辣生冷等刺激食品。这是我国记载最早的关于胎教的内容。后来周文王治国贤明，所创的丰功伟绩多少跟母亲的胎教有关系吧。

孟子的母亲怀孕期间也曾说："吾怀妊是子，席不正不坐，割不正不食，胎之教也。"这些都说明我国古代人对于胎教的重视。

我国古代的胎教思想

- ◆调情志：孕妇宜心情愉悦，静心宁欲，心胸开阔，遇事乐观。
- ◆慎寒温：孕妇应避免风寒侵袭、忽冷忽热。
- ◆节饮食：孕妇宜食用营养丰富而易于消化的饮食，切忌辛辣生冷食品。
- ◆慎起居、调劳逸：孕妇宜起居有序、劳逸适度。
- ◆远房事：孕期节制性生活，以免伤胎。
- ◆美环境、悦子身：要多处于美好的环境当中，多接触美好的艺术作品。
- ◆戒酒浆：古人指出酒能伤胎，宜戒为佳。
- ◆避毒药：孕期应减少不必要的服药。
- ◆慎针剂：慎针灸穴位，避免引起流产与早产。
- ◆安待产：临产时应安详、镇静、莫慌恐，以减少难产发生的概率。

国学课堂

知者不惑，仁者不忧，勇者不惧。

有智慧的人没有什么疑惑，仁爱的人从来不用忧愁，勇敢的人不惧怕任何困难。

第13~14天 斯瑟蒂克胎教法

斯瑟蒂克胎教法被誉为迄今为止世界上最为精彩的一种胎教方法。美国一对普通的夫妇生下的孩子竟然都是智商高达160以上的天才：大女儿5岁时，便从幼儿园一下子升到高中一年级，10岁便成为当时全美最年轻的大学生，其他三个女儿也同样优秀，都被列入了仅占全美5%的高智商者的行列。他们所采用的胎教方法，主要内容是对胎宝宝说话并通过卡片教授他们文字与数字。

斯瑟蒂克胎教法的主要内容

（1）经常用悦耳、快乐的声音唱歌给胎宝宝听。

（2）多播放旋律优美、节奏明快的音乐或歌曲，将幸福与爱的感觉传递给胎儿。

（3）进行“子宫对话”。斯瑟蒂克夫人每次怀孕时都会不停地跟自己的孩子对话，由早上到晚上就寝，一天里在做着什么，想着什么，都跟胎宝宝说。孩子出生以后，她一直坚持用深情的声音呼唤孩子的小名。不仅如此，她还为他们唱歌、讲故事，哄他们玩。

（4）阅读有图画的书籍。斯瑟蒂克夫人经常给胎宝宝朗读有美丽图画的童话书。插画色彩鲜明、文字内容丰富的童话书把子宫对话的内容变得更为丰富。

（5）巧妙地运用闪光卡片。在白色的纸上，运用各种色彩来描绘文字或数字，加强视觉效果。教文字时，除反复念之外，还要用手描绘字形，并牢牢记住文字的形状与颜色，而且要有形象化的解说，以A为例，如Apple，跟胎宝宝说这是苹果，是很好吃又很有营养的水果。

（6）增长见识。出外散步，无论看到什么，如车辆、商品、行人、植物，都可以将它们变成有趣的话题，细致地描绘给胎儿听。例如路上遇见邮差，便告诉胎儿邮差穿怎样的制服，邮差可以帮我们送信等。

（7）与早教衔接。等小孩出生以后，最好把胎教所用过的东西，放在宝宝的面前，如此一来，宝宝会慢慢回忆起以前学过的东西。

国学课堂

锲而不舍，金石可镂。

不停地刻，金块和石头都可以被雕刻。比喻做事只要持之以恒，再多的困难也能克服。

第15天 《开始》满载爱意的孕程吧

泰戈尔的这首《开始》，是一首甜美、深切、感人的抒情诗。准妈妈在读这首诗的时候，可试着去感受生命之花绽放的美丽。带着这种对生命的热爱之心，开始幸福的孕程吧。

“我是从哪儿来的，你，在哪儿把我捡起来的？”孩子问他的妈妈说。

她把孩子紧紧地搂在胸前，半哭半笑地答道——

“你曾被我当做心愿藏在我的心里，我的宝贝。

你曾存在于我孩童时代的泥娃娃身上，每天早晨我用泥土塑造我的神像，那时我反复地塑了又捏碎了的就是你。

你曾和我们的家庭守护神一同受到祀奉，我崇拜家神时也就崇拜了你。

你曾活在我所有的希望和爱情里，活在我的生命里，我母亲的生命里。

在主宰着我们家庭的不死的精灵的膝上，你已经被抚育了好多代了。

当我做女孩子的时候，我的心的花瓣儿张开，你就像一股花香似地散发出来。

你的软软的温柔，在我青春的肢体上开花了，像太阳出来之前的天空里的一片曙光。

上天的第一宠儿，晨曦的孪生兄弟，你从世界的生命的溪流浮泛而下，终于停泊在我的心头。

当我凝视你的脸蛋儿的时候，神秘之感淹没了我；你这属于一切人的，竟成了我的。

为了怕失掉你，我把你紧紧地搂在胸前。是什么魔法把这世界的宝贝引到我这双纤小的手臂里来的呢？”

国学课堂

君子周而不比，小人比而不周。

君子普遍地团结人而不相互勾结，小人相互勾结而不能普遍地团结人。

第16~17天 营养胎教：继续补充叶酸

孕妈妈在孕早期要注意多补充叶酸，以预防胎宝宝神经管畸形。孕妈妈可以通过服用叶酸片来补充，也可以进行食补。

补充叶酸注意事项

（1）备孕女性从怀孕前3个月开始，一天服用0.4毫克的叶酸片就可以有效预防胎宝宝神经管畸形的发生。但是，孕妈妈最好在医生的指导下服用叶酸片。

（2）叶酸不能补充过量。过量的叶酸会掩盖维生素B_{12}缺乏的症状，干扰锌的代谢，引起锌缺乏。因此，叶酸的摄入量控制在每天1毫克以内。

（3）最好在孕前3个月开始，到怀孕后3个月期间，都保证叶酸摄入量维持在一定水平，这样能保证胚胎早期有一个较好的叶酸营养状态。

（4）最好在医生的指导下服用多种维生素，其中含有孕妈妈所需的叶酸，还含有人体必需的维生素和矿物质。

食补帮助胎宝宝神经系统的发育

孕妈妈可以多吃些富含叶酸的食物，来帮助胎宝宝神经系统发育。

富含叶酸的明星食材

类别	具体食材
绿色蔬菜	莴苣、菠菜、青菜、花椰菜、油菜、小白菜、扁豆等
新鲜水果	橘子、草莓、樱桃、香蕉、柠檬、桃、杨梅、海棠、酸枣、石榴、葡萄、猕猴桃、梨等
动物食品	动物内脏、鸡肉、牛肉、羊肉等
豆类、坚果类食品	黄豆、核桃、腰果、栗子、杏仁、松子等
谷物类	大麦、米糠、小麦胚芽、糙米等

国学课堂

学而不思则罔，思而不学则殆。

只是读书而不深入思考就会茫然无所知，只是空想而不读书就会产生疑惑。

第18~19天 多留心怀孕征兆

一般来说，在怀孕前期身体不会有明显的征兆，但是你的身体已经在悄悄地发生变化了。如果你一直测量基础体温的话，会发现此时基础体温持续升高。也有部分人在受精卵着床时可见白带中带血丝或有点状出血。

基础体温上升持续3周以上

即使到了月经期，基础体温也不会下降，反而继续升高。36.7～37.2℃的低热状态会一直持续到怀孕13～14周，所以高温状态持续3周以上时，基本可以确定为怀孕。

月经迟迟不来

停经是最大的妊娠变化。对于月经周期稳定的女性，如果月经推迟1周以上，基本可以确定为怀孕。但也不要急于判断，也有环境变化或精神刺激引起月经推迟或闭经的可能。

乳房更加柔软丰盈，乳头、乳晕颜色加深

乳房变化很像月经前期的变化，只是变化更加明显了。对于接触、温度的变化也比平时敏感，乳头触到内衣会疼痛，乳房变得更加柔软丰盈，乳头、乳晕颜色加深，乳晕上细小的孔腺变大。

容易疲劳

如果你此时已经怀孕了，那么你会感到容易劳累，睡眠时间有所增加，这是激素变化造成的。

白带增多

怀孕时白带开始增多。如果白带太多，可能患有阴道炎症。如果白带呈红色出血状，一定要向专家咨询。

出现呕吐等不适

怀孕之后最明显的征兆之一就是呕吐，可能你会对某些气味特别敏感，或者特别讨厌某些食物。

口渴

口渴是表示你和你的宝宝需要更多的液体。一天水分的摄取量为8杯水左右，一杯约250毫升。另外，要多补充水果汁，饮食上可以多选用一些水分含量高的食物，多吃蔬菜和水果，来补充水分。

国学课堂

质胜文则野，文胜质则史。文质彬彬，然后君子。

质朴多于文采就会显得粗野，文采多于质朴就会流于浮华。文采与质朴搭配适中，才能成为君子。

第20~21天 学习抚平情绪的瑜伽

在做胎教之前，要让自己放松平静下来，这样胎教才会更有效。可是很多孕妈妈都是第一次怀孕，多数会比较紧张焦虑，下面介绍几种简单的孕期瑜伽放松功，能帮助孕妈妈很快地平静下来。

枕臂侧躺

侧躺(任意一边)，曲臂枕于头下，另一臂置于弯曲的大腿上，置于底下的大腿保持放松伸直的姿势，置于其上的大腿稍微弯曲（如图1所示）。时间以舒服为度，做完一侧后以同样方式换另一侧。

坐姿聆听

坐在瑜伽垫、床上或毯子上，背靠墙，或者坐在椅子上，靠住椅背，双腿盘起，手臂自然放松，双手手心朝上，放在大腿上，闭眼。颈部、脸部放松（如图2所示）。聆听有节律的细微的声音，或听些轻柔的音乐。以该姿势保持10分钟。

瑜伽呼吸

选择一个舒适的姿势盘坐在垫子上，两脚掌心相对。双手分别放在腹部和胸部上，脊背中正，双肩自然放松（如图3所示）。双眼微闭，保持呼吸，让你的双手去感受你的呼吸。保持姿势，时间为3～5次呼吸。

国学课堂

信言不美，美言不信。

真实可信的言词不漂亮，漂亮的言词不是真实可信的。

第22天 做个爱读书的孕妈妈

怀孕了，忙碌的时间慢慢减少，孕妈妈可以自己安排的时间多了。用读书将这段时间充实起来吧，为自己，也为宝宝。

跟着妈妈做个爱读书的孩子

胎宝宝在孕妈妈肚子里就会养成和孕妈妈一样的习惯。如果怀孕的妈妈既不思考也不学习，胎宝宝也会深受感染，变得懒惰起来；相反，如果孕妈妈能够养成读书的习惯，那么将来的宝宝也会爱学习，爱思考。

书让心安静下来

养心莫如静心，静心不如读书。对于孕妈妈，静心尤其重要。经常读书，不仅可以增长知识，提高个人的综合素质，而且也对健康有益。一本好书，能帮助人调节情绪，消除烦恼，放松心情。在怀孕的初期，孕妈妈很容易产生烦躁情绪，这时如拿起一本好书，读上几页，很快就能让自己安静下来，进入书中的美好世界。

读书增长胎宝宝的智慧

读书，可以激发孕妈妈丰富的联想，而孕妈妈的联想能够产生一种神经递质，这种神经递质经过血液循环进入胎盘而传递给胎宝宝，然后分布到胎宝宝的大脑及全身，并且给胎宝宝脑神经细胞的发育创造一个与母体相似的神经递质环境，使胎宝宝的神经向着优化的方向发展。

书的选择

书的选择没有一定之规，能让人产生美好情绪、美好联想的书籍都可以，要避免那些会对感官造成强烈刺激的书。

孕妈妈应该多读优美的散文、诗歌、童话故事，如冰心、朱自清、秦牧、徐志摩、泰戈尔等的诗文，《安徒生童话》、《格林童话》、《木偶奇遇记》、《爱的教育》等。我国的古代诗词意境优美、情感美好，也是很好的选择。

读书的注意事项

孕妈妈读书时，要全身心进入书中的美好境界，只有这样，才能与宝宝产生共鸣。孕妈妈的眼睛极易疲劳，要注意保护眼睛，适当休息。

国学课堂

知之者不如好之者，好之者不如乐之者。

对于任何事情，了解它的人不如喜爱它的人，喜爱它的人不如以它为乐的人。

第23~24天 动脑游戏：脑筋急转弯

脑筋急转弯有助于激活脑细胞，提高想象力，拓展知识面。孕妈妈和胎宝宝赶快一起来动动脑，猜猜看吧。

题目

（1）把24个人按一行5人排列，排成6行，该怎样排？

（2）世界上什么东西以近2000千米/小时的速度载着人奔驰，而不必加油或加其他燃料？

（3）用1、2、3这3个数字组合表示的最大数字是多少？

（4）什么话可以世界通用？

（5）为什么自由女神像老站在纽约港？

（6）一天慢24小时的表是什么表？

（7）为什么阿郎穿着全新没破洞的雨衣，却依然弄得全身湿透？

（8）一头公牛加一头母牛，猜三个字。

（9）放一支铅笔在地上，要使任何人都无法跨过，怎么做？

（10）用什么擦地最干净？

（11）为什么现代人越来越言而无信？

（12）小赵买一张奖票，中了一等奖，去领奖却不给，为什么？

（13）在船上见得最多的是什么？

（14）用什么方法可以立刻找到遗失的图钉？

（15）什么样的强者千万别当？

答案

（1）排成六边形即可（2）地球（3）“3”的“21”次方（4）电话（5）她不能坐（6）停着不走的表（7）因为他在炎热的太阳底下穿着雨衣（8）两头牛（9）放在墙边（10）用力（11）因为打电话比写信方便（12）没到领奖的日期（13）水（14）光着脚走（15）强盗

国学课堂

不义而富且贵，于我如浮云。

干不义的事得到了财富和地位，对我来说，就如同浮云一样。

第25~26天 惠养胎宝宝的心灵操

在整个孕程中，孕妈妈可以早晚各练习冥想一次，对情绪和身体都有好处。

第一步

仰卧在床上，微微闭上双眼，暗示自己全身放松。

第二步

对自己轻轻地说："我内心非常宁静舒适——我的心已经到了一片广阔的天地——沐浴着温暖的阳光和清新的空气——我感到非常舒适惬意——景色很美，我的眼睛被多姿多彩所充满——我很快乐，感到心旷神怡——感觉到内心的喜悦——真是太好了。"

在做心理暗示时，眼睛要轻轻闭上，发挥想象力想着自己所说的一切。

第三步

继续暗示自己："我听到了远处有孩子在'咯咯'地欢笑，我也情不自禁地笑起来了——我的内心也在微微地笑了——今天是美好的一天。"

暗示时全身心放松，仔细体会，领悟自己内心的一切细微感受。

第四步

慢慢睁开眼睛，起身下床，保持自己内心的微笑，去做该做的事情。

国学课堂

巧言乱德。小不忍则乱大谋。

花言巧语能败坏德行。小事不能忍耐就会败坏大事。

第27~28天 名画欣赏：《睡莲》

莫奈的《睡莲》是印象派的代表作。作品的光线、色彩富有充沛的活力，色块看似随意，实际上是符合光影规律的，可以看出莫奈对光和色彩的专注远远超过对物体形象的关注，能让人体悟到光与自然的浑然一体。

国学课堂

老吾老，以及人之老；幼吾幼，以及人之幼。

尊敬自己的父母和老人，同时也尊敬别人的父母和老人；爱护自己的幼小儿女，同时也爱护别人的幼小儿女。

孕妈妈和胎宝宝

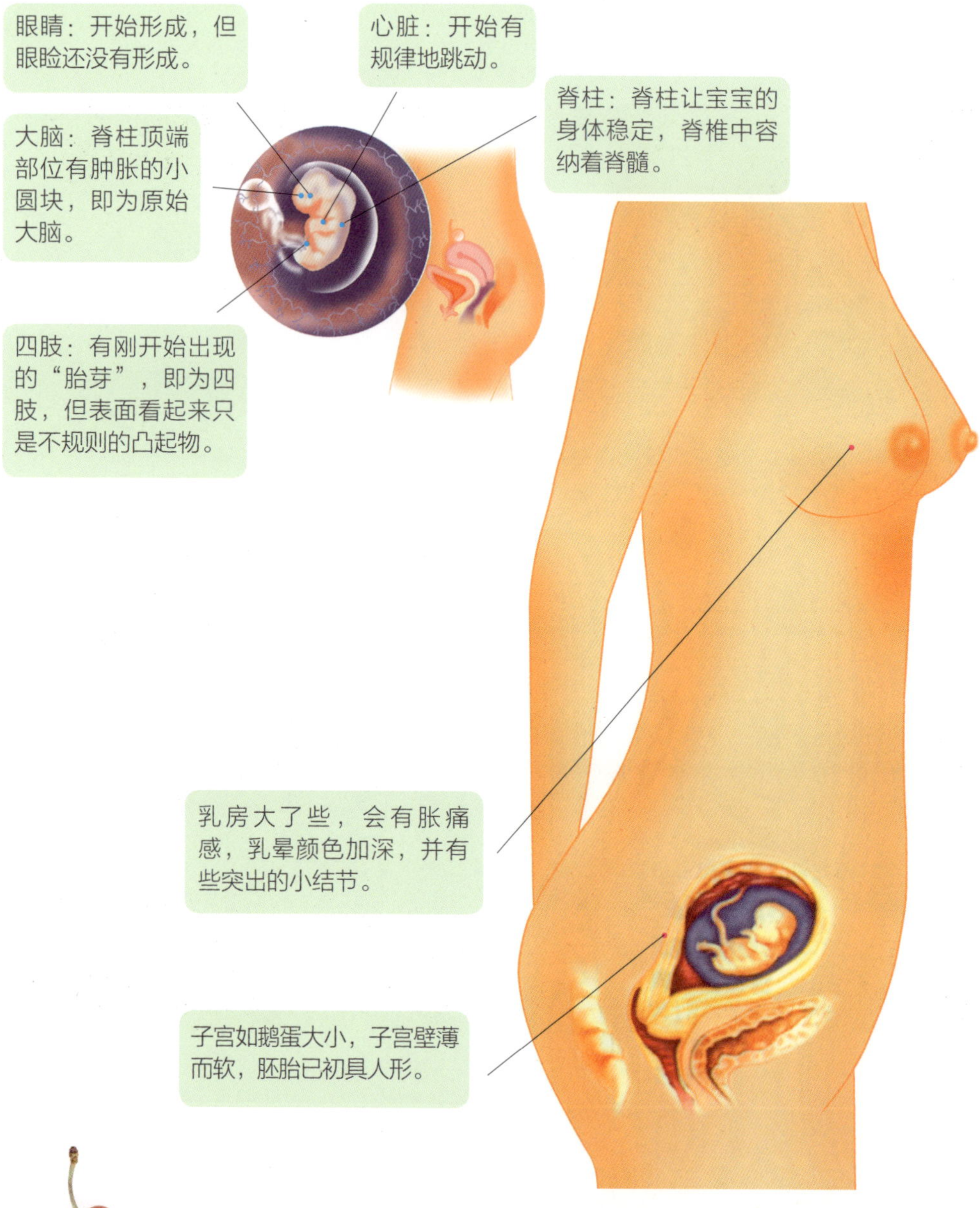

眼睛：开始形成，但眼睑还没有形成。
心脏：开始有规律地跳动。
脊柱：脊柱让宝宝的身体稳定，脊椎中容纳着脊髓。
大脑：脊柱顶端部位有肿胀的小圆块，即为原始大脑。
四肢：有刚开始出现的“胎芽”，即为四肢，但表面看起来只是不规则的凸起物。
乳房大了些，会有胀痛感，乳晕颜色加深，并有些突出的小结节。
子宫如鹅蛋大小，子宫壁薄而软，胚胎已初具人形。

孕2月末期，胎宝宝的身长约2.5厘米，体重约4克，相当于1个小樱桃的重量。

孕2月

真的怀孕了！

第29~30天 呵护来之不易的胚芽

孕妈妈健康生活馆

大约有50%的孕妈妈会像来月经一样有出血现象，但量比较少，而且颜色一般为暗红色，孕妈妈不要担心，这是受精卵在子宫内着床的时候造成的，是正常现象。但是，如果出血量大、持续不断，或是呈鲜红色，孕妈妈就要及时就诊了。

孕妈妈一定要注意远离辐射源。每天操作电脑和看电视的时间不要超过6小时，也不要长时间操作打印机。可以买防辐射服，不仅能阻挡一部分辐射，在外面也能让别人知道你是孕妇了，给你以特别的关照。

完美准爸爸进修课堂

有的孕妈妈因为妊娠反应，胃口会变差，这时候准爸爸就要承担起照顾孕妈妈的责任了，并根据孕妈妈的口味来准备食物，帮助孕妈妈顺利度过孕期。

此外，准爸爸可以陪伴孕妈妈到空气清新、氧气浓度高、尘土和噪声都比较少的公园里散步，置身在宁静的环境中能保持心情的愉悦，对孕妈妈和胎宝宝都能起到很好的调节作用。

孕2月饮食宜忌

随身携带点干果，如开心果、松子等，饿了就吃，这样不仅能补充营养，也可以缓解孕早期的孕吐现象。

孕妈妈可以吃一些凉拌菜，如凉拌黄瓜、凉拌土豆丝等开胃菜，帮助减少对胃黏膜的刺激，加入其中的醋、柠檬汁也能帮助孕妈妈改善胃口。

很多孕妈妈会嗜好吃酸味食物，但需要注意的是，山楂不能多吃。山楂对子宫有兴奋作用，能促进子宫收缩，过量食用容易引起流产。

发生孕吐时，孕妈妈不要自行用止吐药止呕，否则会妨碍到胎宝宝的生长发育。

国学课堂

吾生也有涯，而知也无涯。

我的生命是有限的，而知识是无限的。

第31~32天

有趣的七巧板

今天，孕妈妈来玩一下七巧板吧，七巧板有一种让人欲罢不能的魔力哟！

七巧板是由七块形状不同的板组成的，而这七块板可以拼成很多种图形（1600种以上）！拼出的图形除了比较规矩的三角形、平行四边形之外，还可以拼成各种人物、动物、桥、房子、塔等。

七巧板又被称为“智慧板”，孕妈妈在玩七巧板的过程中，能充分发挥大脑的思维能力和想象力，拼出各种图案，从而让胎宝宝正在成长中的大脑也得到锻炼。

国学课堂

君子之交淡若水，小人之交甘若醴。

君子之间的交情像水一样清淡，小人之间则只是基于酒肉的交情。

第33~35天 中国传统艺术：京剧

京剧是中国的国粹，孕妈妈可以时常听点京剧或将京剧的经典片段哼唱给宝宝听，让宝宝感受京剧的魅力。

京剧的脸谱来源于面具，是写意和夸张的艺术，常用蝙蝠、燕翼、蝶翅等作为图案勾画眉眼和面颊，结合夸张的鼻窝、嘴窝等来刻画人物面部的表情。一般来说，开朗乐观的脸谱总是舒眉展眼的，而悲伤或是暴虐的脸谱总是曲眉合目的。

京剧流播全国，影响甚广，被称为“国剧”。京剧走遍世界各地，也是介绍、传播中国传统文化的重要手段。

国学课堂

为者常成，行者常至。

努力去做的人常常可以成功，不倦前行的人常常可以达到目的。

第36天 营养胎教：补充富含黄体酮的豆制品

大豆富含大豆异黄酮，是合成酮体的重要物质，对孕妈妈非常有益。

下面介绍两款制作简单、营养丰富的豆浆。

百合银耳黑豆浆

材料 黑豆40克，水发银耳、鲜百合各25克。

做法

1 黑豆用清水浸泡10~12小时，洗净；银耳择洗干净，撕成小朵；百合择洗干净，分瓣。

2 将黑豆、水发银耳和鲜百合瓣倒入全自动豆浆机中，加水至上、下水位线之间，煮至豆浆机提示豆浆做好，过滤后倒入杯中即可。

功效 银耳滋阴润肺、益胃生津，能够缓解孕妈妈的妊娠反应；百合清心安神，能够促进睡眠，改善孕期焦虑性失眠。两者搭配，能让孕妈妈安神、睡眠好。

小米豌豆豆浆

材料 黄豆50克，鲜豌豆、小米各25克，冰糖10克。

做法

1 黄豆用清水浸泡10~12小时，洗净；小米淘洗干净，用清水浸泡两小时；鲜豌豆洗净。

2 将黄豆、小米和鲜豌豆倒入全自动豆浆机中，加水至上、下水位线之间，煮至豆浆机提示豆浆做好，过滤后加冰糖搅拌至化开即可。

功效 豌豆含丰富的叶酸，能促进胎儿的中枢神经系统发育，对怀孕早期的准妈妈们非常有好处；小米健脾和中、益肾补虚，是改善准妈妈脾胃虚弱、体虚、食欲缺乏的营养康复良品。二者搭配食用，能促进胎儿中枢神经系统的发育，增强孕妈妈的体质。

国学课堂

勿以恶小而为之，勿以善小而不为。

即使是很小的坏事也不做，但即使是再小的好事也要做。

第37~38天 读读《小王子》的故事

在小王子的星球上，从来只有一种花，一种简单而小巧的花。她们只有一层花瓣，她们只需要一块小小的地方。晨起而开，日暮而落，安静地不会打扰任何人。

一天，一颗不同的种子出现了。小王子不知道她是谁，也不知道她从哪里来。可她却发芽了，长成了嫩嫩的小苗。小王子每天都会看着她，她是那么的与众不同。小王子很期待看到这颗小苗长大的样子。

但是，小苗并没有长得很大。没多久，她就不再长高了，却新奇地孕育出一个花苞。看着这个饱满而可爱的花苞，小王子莫名地相信，花开时一定是一份美丽的惊喜。

很长一段时间里，花苞都没有开放，而是躲在她的小绿房子里精心地打扮自己。她要选择属于自己的颜色，她要仔仔细细地设计自己的花瓣模样，这一切都需要时间，都必须慢慢来。她希望自己的绽放是美丽的，不要像虞美人一样带着皱纹迎接世界。

是的，她是喜爱美丽的，她要将最光彩夺目的自己展示给世界。为此，她不怕用太多时间修饰自己。她觉得，美丽值得用时间去等待。终于，在一个阳光初放的清晨，她盛开了。

虽然她已经将自己打扮得很完美，但仍打着哈欠说："真对不起，我刚刚醒来，头发还乱糟糟的……"

这时的小王子，已经无法控制自己的喜爱之情，他赞叹道："不，你有着无与伦比的美丽！"

花儿点头微笑说："因为，我与太阳一同出生。"

国学课堂

知者不惑，仁者不忧，勇者不惧。

有智慧的人没有什么疑惑，仁爱之人从来不用忧愁，勇敢的人不惧怕任何困难。

潮妈寄语

我最亲爱的宝贝，你就是爸爸妈妈的那朵花，我们也像小王子一样，每天都关注着你，每天都期盼着你。你在妈妈的肚子里，一会儿翻身，一会儿伸展四肢，你怎么能这么萌呢？

胎教小秘密

可以用手指在妈妈的肚子上描绘出花朵的样子，边描绘边说明你在做什么，以此帮助宝宝感受。

第39~40天 唱儿歌给宝宝听

孕妈妈说唱儿歌时，声音要轻柔，语调要天真，节奏要欢快。一开始宝宝可能没有什么反应，但是等他慢慢习惯了妈妈的声音之后，他就会很开心，还会用蠕动来回应妈妈呢。

乖宝宝

乖宝宝，好宝宝，
妈妈最爱是宝宝；
乖宝宝，好宝宝，
爸爸最爱是宝宝；
乖宝宝，好宝宝，
宝宝最爱是妈妈；
乖宝宝，好宝宝，
宝宝最爱是爸爸。

小鸭子

小鸭子，呱呱呱，
不爱吃米爱吃虾；
河里游，就数它，
一到岸上就找妈。

大树妈妈

大树妈妈个儿高，
托着摇篮唱歌谣，
摇啊摇，摇啊摇，
摇篮里的小鸟睡着了。
大树妈妈个儿高，
对着小鸟呵呵笑，
风来了，雨来了，
绿色的雨伞撑开了。

月亮和星星

月亮月亮是妈妈，
星星星星是娃娃。
月亮嘴巴笑一笑，
星星眼睛眨一眨。
月亮好，好妈妈，
星星好，好娃娃。

堆雪人

堆呀堆，堆雪人，
圆圆脸儿胖墩墩。
大雪人，真神气，
站在院里笑眯眯。
不怕冷，不怕冻，
我们一起做游戏。

雪花

千朵花万朵花，
开在蓝天下，
飘飘飘洒洒洒，
飞向大地妈妈，
温暖着地下的，
许多嫩嫩春芽，
为孩子带来了，
无数冬的童话。

国学课堂

近朱者赤，近墨者黑。

靠着朱砂的变红，靠着墨的变黑。比喻接近好人可以使人变好，接近坏人可以使人变坏。

第41~42天 数独让胎宝宝更聪明

孕妈妈爱动脑筋，胎宝宝也会变得思维活跃。但并非要求孕妈妈解数学题、解化学方程式。很多游戏都可以锻炼头脑，比如猜谜游戏、填字游戏、魔方、数独游戏、做手工等，很好玩，但不动脑子又玩不好，这些游戏孕妈妈可以尝试一下。这两天我们一起来玩数独吧。

数独游戏

你可能不知道，数独的前身是中国的“九宫图”，“九宫图”在《洛书》和《易经》当中都有记载。现代的数独起源于瑞士，并经过美国人和日本人的改进。数独风靡全世界，现在有很多专门的数独俱乐部、数独论坛，参加人数众多。很多研究者都认为数独是开发智力最好的方式之一，因此，孕妈妈快来试试吧。

数独怎么玩

（1）数独游戏在9×9的方格内进行，这81个小方格被分为9个3×3的方块，被称为“区”。

（2）在这些区中，有一些已经被填上的数字，这些已经填好的数字可以被称为数独的“谜面”，需要填的是余下的空格。

（3）每个空格只填1个数字。到最后要保证这9×9的方格中的每个区、每一列、每一行都是1～9这9个数字，不能重复，即保证每个数字在每一行、每一列和每个区中仅出现一次。

数独一

		1	9		8		7	2
4		7			3			6
	6			4				8
9			2			1		4
	3		5				2	
1		4	8		9			5
5				9			4	
8			6			2		1
7			4		1	5		

（答案见115页）

数独三答案

9	6	1	5	4	8	7	2	3
2	4	7	6	1	3	9	8	5
5	3	8	2	7	9	4	6	1
8	9	2	3	5	4	6	1	7
1	5	6	9	2	7	8	3	4
3	7	4	8	6	1	5	9	2
4	1	3	7	9	6	2	5	8
6	8	5	4	3	2	1	7	9
7	2	9	1	8	5	3	4	6

国学课堂

管中窥豹，时见一斑。

从竹管的小孔里看豹，只看到豹身上的一块斑纹。比喻只看到事物的一部分，指所见不全面或略有所得。

第43天 古诗欣赏：《采莲曲》《小池》

今天我们来欣赏两位唐代诗人的作品，这两首诗虽然描写的事物不同，但是它们都有非常美的意境。

采莲曲 王昌龄

荷叶罗裙一色裁，芙蓉向脸两边开。
乱入池中看不见，闻歌始觉有人来。

这首诗描写了江南采莲少女欢快美丽的劳动场景。采莲少女的绿罗裙与田田荷叶融为一体；少女的脸庞掩映在盛开的荷花间，相互映照。虽在莲池中，却看不见她们的踪影，听到歌声，才感觉到她们的存在。

小池 杨万里

泉眼无声惜细流，树阴照水爱晴柔。
小荷才露尖尖角，早有蜻蜓立上头。

泉眼很爱惜地让泉水悄然流出，映在水上的树阴喜欢这晴天风光的柔和。鲜嫩的荷叶那尖尖的角刚露出水面，就已经有蜻蜓落在它的上头。这首诗展现了初夏的荷叶、泉水、蜻蜓等美丽景色，让人向往。

国学课堂

言忠信，行笃敬。

说话忠诚老实，行为厚道严肃。

第44~45天 跟胎宝宝说说话

不管胎宝宝的听觉发育到何种程度，爸爸妈妈都要坚持与胎宝宝对话。只要安静放松，孕妈妈就可以把听到、看到、想到的说给胎宝宝听。通过与孕妈妈的心电感应，胎宝宝会对孕妈妈的话心领神会，更多地了解外面的世界。

这样跟胎宝宝沟通

1 形象与声音相结合

孕妈妈先在头脑之中将所要讲的内容视觉化，就像是影视画面一样，然后用动听的声音将头脑中的画面讲给胎宝宝听。这样，胎宝宝就能和你一起进入你讲述的世界，你所讲的内容也就输进了孩子的头脑之中。

2 形象与情感相结合

孕妈妈一定要带着丰富的感情与胎宝宝对话，要创造声音、形象、感情一体的境界。比如，你在大自然中散步，心中充满宁静和愉快，你就可以带着这样的情感将看到的红花、绿树、青草讲给胎宝宝听。

跟胎宝宝说的素材

1 生活中的点滴趣事

孕妈妈的生活起居，路上的所见所闻等，只要是温暖的、幸福的事情，都可以跟胎宝宝说。早晨起床，先对胎宝宝问声“早上好”，拉开窗帘，可以跟胎宝宝说说外面的天气。经常这样跟胎宝宝交流，能够让母子之间的感情纽带更为牢固，胎宝宝对外界的感受就更强了。

2 利用书刊卡片讲故事、念童谣、说百科

故事、童谣、百科知识等，孕妈妈都很熟悉，只要在念的过程中充满感情、绘声绘色就行。孕妈妈还可以将各种数字卡片、图形卡片、实物卡片上的内容讲给胎宝宝听。如卡片上有个 “1”字，可以将“1”印在自己的头脑中，再跟胎宝宝描述一下生活中“1”是干什么用的，什么形象像“1”等。

胎宝宝也很喜欢准爸爸的声音

准爸爸也要多抽时间跟胎宝宝对话，让胎宝宝提前认识你，这样也能增进你们之间的感情。同时，胎宝宝不仅能感受到妈妈的爱，也能感受到爸爸的爱，因此会感到更加幸福。

国学课堂

一鼓作气，再而衰，三而竭。

击第一遍鼓，士气振奋；击第二遍鼓，士气开始低落；击第三遍鼓，士气就完全消失了。

第46~47天 动动脑：门萨测试

门萨是世界顶级智商俱乐部的名称，于1946年成立于英国。门萨现有会员十余万，是世界上最好的智商俱乐部。进入门萨只有一个条件，就是高智商。门萨的测试题由门萨的专家和会员共同制定，是世界上非常权威的测试题。门萨的入门试卷共有30道题目，答对23道，证明智商达到148，可以进入俱乐部。全世界参加测试的人大约只有2%能够通过门萨的测试。下面选了几道门萨的测试题，孕妈妈也来试试吧。

1. 有两位盲人，他们各自买了两双黑袜和两双白袜，八双袜子的布质、大小完全相同，而每双袜子都由一张商标纸连着。两位盲人不小心将八双袜子混在了一起。请问他们每人怎样才能取回黑袜和白袜各两双呢？

2. 两个圆环，半径分别是1和2，小圆在大圆内部绕大圆圆周一周，问小圆自身转了几周？如果在大圆的外部，小圆自身转几周呢？

3. 一瓶汽水1元钱，喝完后两个空瓶换一瓶汽水，问：你有20元钱，最多可以喝到几瓶汽水？

门萨测试答案

1. 每双袜子都拆开，每人各拿一只，袜子无左右，最后每人取回黑袜和白袜各两双。
2. 小圆、大圆经历的距离相等。无论内外，小圆都是转两周。
3. 39瓶，从第2瓶开始，相当于1元买2瓶。

国学课堂

人非生而知之者，孰能无惑？

人不是生来就什么都知道的，谁能没有疑难问题呢？

第48~49天 给宝宝写首可爱的小诗吧

写诗是很好的抒情方式。将你对胎宝宝的爱和期望用直接、简洁、美好的文字表达出来，就是一首可爱的小诗了。不用纠结于自己的文笔和诗歌的韵律，只要具有真实、自然的情感，就可以尽情地表达出来。如果写出有韵律的小诗，还可以自己哼唱出来，作为献给宝宝的一首童谣，宝宝一定会非常喜欢，因为它是全世界独一无二的礼物。

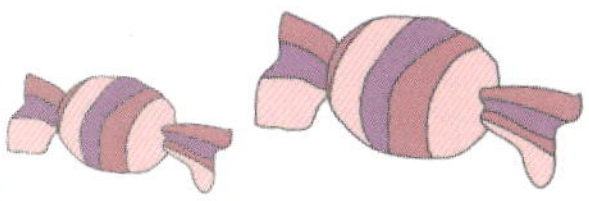

国学课堂

万物之中，以人为贵。

在天下的万物之中，人是最宝贵的。

第50天 营养胎教：吃点缓解孕吐的食物

孕妈妈到了这时，恶心、厌食、挑食、呕吐、乏力等早孕反应会越来越明显。有不少孕妈妈会没有胃口，吐得浑身乏力，日渐消瘦。这时候就需要准爸爸来显爱心了。

柠檬姜汁

材料 生姜1片，黄瓜半根，柠檬半个，蜂蜜适量。

做法

1 柠檬去皮，切小块；黄瓜洗净，切小条；将切好的柠檬和黄瓜一起放入榨汁机中榨汁备用。

2 将姜片、柠檬黄瓜汁和一勺蜂蜜混合在一起，然后用温水冲调后即可服用。

小米粥

材料 小米100克，红枣5粒。

做法

1 小米洗净；红枣洗净，剪开。

2 将小米和红枣放入锅中，加适量清水大火煮开，转小火煮至熟烂即可。

国学课堂

天下之难事，必作于易；天下之大事，必作于细。

天下的难事，一定是从容易的事发展起来的；天下的大事，一定是从细小的事发展起来的。

第51~52天 来做平衡式和树式变形式瑜伽

瑜伽是调节心情的最好方式之一，在身体得到舒展的同时，心灵也得到了最好的放松。孕早期的孕妈妈只宜练习呼吸静坐与温和的伸展。下面给孕妈妈提供的两个瑜伽动作比较温和，适合整个孕期练习。

平衡式

步骤：

1. 右腿保持站立，左腿自膝盖处向后弯曲，上抬左脚跟贴靠到臀部。

2. 左手抓住左脚脚趾，再用手掌将左脚托住，这样可以使你的左脚跟触到臀部或靠近臀部。

3. 向前伸直右臂，手掌并拢，自下而上慢慢抬起至头侧，保持你的手臂平直，手掌面向前方；保持你的身体平直，保持你的右腿平直，这样看起来，你的身体自上而下是在一条直线上的。

4. 保持这个姿势10秒钟，抬起的手臂慢慢放下，手掌始终保持绷紧；然后放下你的左腿，落地。

5. 休息10秒钟，换另一条腿练习。

树式变形式

步骤：

1. 站立，弯曲右膝，脚掌抵住左膝关节内侧。

2. 吸气，左臂向左上方伸展，指尖指向天花板，右手轻放在右膝上。

3. 保持呼吸3次，目视前方，脊背挺直。

4. 换另一侧重复此动作。

国学课堂

心不在焉，视而不见，听而不闻，食而不知其味。

心不在那里，看什么也看不见，听什么也听不到，吃什么也吃不出滋味。

第53~54天 名曲欣赏：《睡美人圆舞曲》

今天，胎宝宝跟着孕妈妈来欣赏柴可夫斯基专门为《睡美人》配的童话音乐吧！

这样听

孕妈妈最好在黄昏时分来听这首曲子。听音乐时，随着节拍动起来。

欣赏这首曲子时可以选做以下动作

（1）在移动身体和举起双臂的同时调整自己吸气和吐气的时间；

（2）身体左右移动的时候，重心也跟着移动；

（3）双臂举过头顶之后，沿顺时针方向画圆；

（4）将一只手平举，与肩同高，然后将另一只手举过头顶，再向左右移动手臂；

（5）双臂在身体前方画圆，然后向左右方向移动身体和臂膀，重心也跟着移动。

柴可夫斯基和他的《睡美人圆舞曲》

芭蕾舞剧《睡美人》是柴可夫斯基于1889年根据法国著名诗人贝劳的童话集《鹅妈妈》中的一篇故事编成的。在舞剧里，圆舞曲是第一幕里最著名的选段。这是客人们在庆祝奥罗拉公主成年日的舞会上跳的一段集体舞，表现出幸福和欢乐的情绪。

这首圆舞曲旋律动人，乐曲前面有一个快速而辉煌的引子，后半部铜管高奏，表现出庄严、华丽的王宫舞会气氛。经过两小节轻盈的圆舞曲节奏后，先由小提琴呈现A段主题，它充满着幸福感；B段以切分音为其特色，情绪比较热烈；然后A段再现，这次，主奏的弦乐里加有低音乐器；在C段里，双簧管和圆号进行对答，另有一番情趣，好似是舞蹈间的交谈；然后第一部分再现，接尾声，推出高潮结束全曲。

国学课堂

不以穷变节，不以贱易志。

不因为不得志而改变气节，不因为地位卑下而改变志向。

第55~56天 名画欣赏：《蒙娜丽莎的微笑》

今天我们一起来欣赏一幅伟大的名画作品——《蒙娜丽莎的微笑》，这是文艺复兴时期画家列奥纳多·达·芬奇所绘的一幅肖像画。画中的女主人公是个真实的人物，她是佛罗伦萨一个富商的妻子。画中，她的微笑恬静、优雅、神秘，令人倾倒。有些人经过研究，说蒙娜丽莎之所以能有这样的微笑，是因为她已经怀孕，只有孕妇才能有这样的微笑。这是不是真的呢？同样是孕妈妈的你觉得呢？

欣赏这幅画时，要感受画的意境，然后闭上眼睛，让画在脑海里呈现，用心体味和模拟微笑中的情感，是不是觉得对腹中胎宝宝的爱意又更深了一层？

国学课堂

不迁怒，不贰过。

不拿别人发泄怒气，不重犯同样的错误。

孕妈妈和胎宝宝

胎宝宝在孕妈妈的子宫内安然生活着。胎盘覆盖在子宫肌层的内壁，开始制造让胎宝宝舒服和正常发育所需的激素。

大脑：脑细胞数量增加很快，大脑的体积占身体的一半左右。

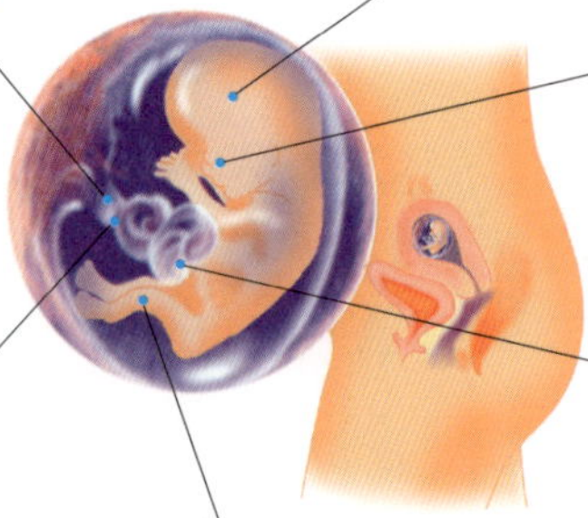

脸：初具轮廓，已经形成了眼睑、唇、鼻和下颚。

脐带：里面有2根动脉、1根静脉连接着孕妈妈和胎宝宝，孕妈妈通过脐带给胎宝宝输送营养，胎宝宝通过脐带将废物排泄出去。

肾和输尿管：发育完成，开始有排泄现象。

四肢：腿在不断长长，脚可以在身体前部交叉了。

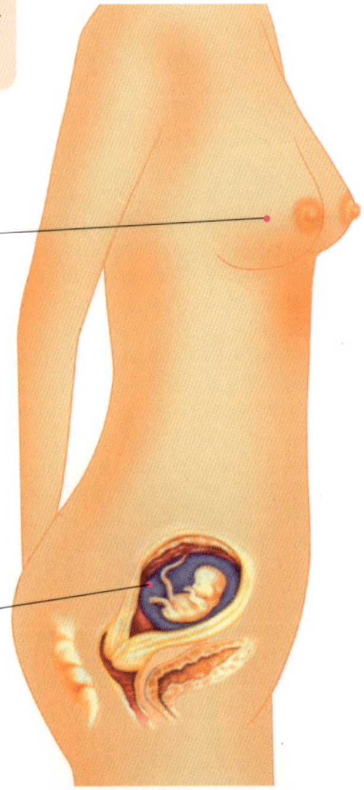

乳房更胀大了，乳房和乳晕的颜色加深，可以换更宽松、更舒适的内衣穿了。

腹部没有明显的变化。孕11周前后，在耻骨联合上方，可触及增大的子宫。在腹部会出现一条较深颜色的竖线。

孕3月末期，胎宝宝身长7.5～9厘米，体重约20克，相当于2个圣女果的重量。

孕3月

长成一个小人儿了

第57天 补水不可缺少

孕妈妈健康生活馆

由于子宫的不断增大，不少孕妈妈会出现尿频的现象，这是正常的，孕妈妈不应该因此而不去喝水。为了自己和胎宝宝的健康，孕妈妈应及时补充水分，平均每2小时补充一次，每天保证8杯水。

孕吐是正常的孕期生理反应，孕妈妈不要惊慌。但是，如果孕妈妈在短时间内出现体重下降和剧烈呕吐，最好能去医院检查。

最好从这时开始，就坚持做轻柔的腹部按摩，这能在一定程度上预防妊娠纹的生成。

完美准爸爸进修课堂

从现在开始，准爸爸可以每个月带着妻子拍一张孕照，将孕妈妈肚子大小的变化定格下来，这是非常珍贵的纪念。

准爸爸要对孕妈妈加倍体贴、关心，为孕妈妈创造一个温馨的氛围及和谐的心境。准爸爸和孕妈妈的暖暖爱意会通过神经递质的作用，间接地传递给胎宝宝，在爱中成长的胎宝宝会更健康。温暖的家庭氛围有助于塑造性格良好的宝宝。

孕3月饮食宜忌

孕妈妈要继续补充叶酸。

妊娠3～6个月是胎宝宝的脑细胞快速增殖的第一阶段，即“脑迅速增长期”。此时，孕妈妈除了注意补充必需的脂肪酸和钙、磷等矿物质外，还应补充适量的维生素，如叶酸、维生素B_2、维生素B_{12}等。

孕妈妈不要喝酒，也不要长期喝刺激性饮料，如咖啡、可可、巧克力和可乐等，酒精、咖啡因和兴奋剂都会对胎宝宝产生不良影响。

孕妈妈不要吃生冷食物和螃蟹等性寒的食物，否则易致流产。

国学课堂

不学而求知，犹愿鱼而无网。

不学习而想得到知识，就像想得到鱼而没有网一样。

第58~59天 写毛笔字、阅读文学作品让内心平静

这时候早孕反应还在继续，孕妈妈的心绪可能会因为胎宝宝而繁杂。闲暇时分，有兴致的话，写点毛笔字、阅读点文学作品，专心致志地投入进去，能让自己的内心平静下来，提升自身和胎宝宝的艺术修为。

适合孕妈妈阅读的作品推荐

1《小蝌蚪找妈妈》
2《狐假虎威》
3《豌豆花》
4《小熊过桥》
5《树木在秋天写的信》
6《守株待兔》
7《三个和尚》
8《田螺姑娘》
9《小壁虎借尾巴》
10《长着驴耳朵的国王》
11《花木兰替父从军》
12《白雪公主》
13《沉香救母》
14《铁杵磨成针》
15《卖火柴的小女孩》
16《井底之蛙》
17《鹬蚌相争》
18《猴子摘玉米》
19《你是人间的四月天》
20《岳飞沙滩学写字》
21《勇敢的小刺猬》
22《嫦娥奔月》
23《懒熊买西瓜》
24《空城计》
25《乌鸦喝水》
26《冬天的美》
27《神奇的西瓜》
28《小黄莺唱歌》
29《小猪照镜子》
30《三只小猪》

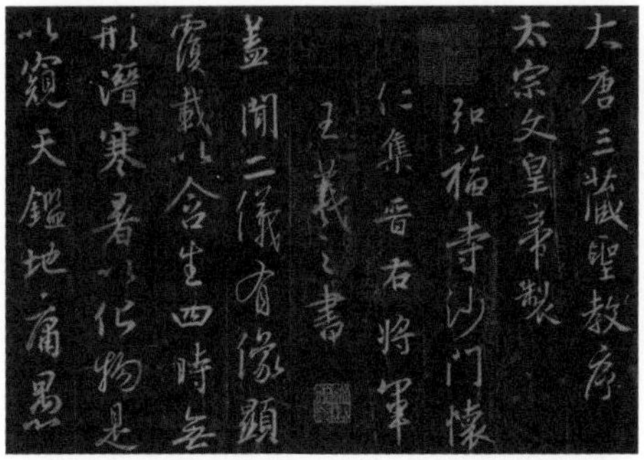

王羲之是东晋书法家，他吸收前人书法的精华，独创一家，擅长楷书、行书和草书。他的字端秀清新，飘若浮云，矫若惊龙，孕妈妈快带着宝宝来欣赏一下他的《圣教序》吧！

国学课堂

耳闻之，不如目见之；目见之，不如足践之。

耳朵听到的不如眼睛看到的，眼睛看到的不如经过实践的。

第60~61天 准爸爸也参与胎教

准爸爸也需要做胎教

胎教不是孕妈妈一个人的事情，和准爸爸也有很大关系。准爸爸是孕妈妈接触最多也是最亲密的人，因此，准爸爸的一举一动，甚至情感态度，都会影响到孕妈妈和孕妈妈腹中的胎儿。

准爸爸可以做的胎教：与妻子腹中的胎儿对话，与胎儿建立感情；晚上躺下睡觉时用手抚摸妻子的腹部；给胎儿哼催眠曲等。这些做法虽然很简单，但能使孕妇心情舒畅，把愉快传给胎儿，对胎宝宝和孕妈妈都大有裨益。

给孕妈妈讲讲笑话吧

法律和法盲

儿子："爸爸，什么叫法律？"

父亲："法律就是法国的律师。"

儿子："那么什么是法盲？"

父亲："那当然就是法国的盲人。"

生日

爷爷说："今天是我的生日。"

孙子问："'生日'是什么意思？"

"生日嘛，就是说爷爷是今天出生的。"孙子听了，瞪大眼睛说："啊，今天生的怎么就长这么大了呀？"

卖火柴的小女孩

那天去姐姐家玩，听到姐姐在给四岁的外甥讲《卖火柴的小女孩》的故事，姐姐讲得一脸真切，言辞动容，连我也沉浸到里头去了。

可惜小外甥一点也不动容，听到最后气愤地说："妈妈你真笨，火柴当然没人买啦，怎么不让她卖打火机呢？"

星星会闪

在飞机上，空中小姐问一个小女孩说："为什么飞机飞这么高，都不会撞到星星呢？"

小女孩回答："我知道，因为星星会'闪'啊！"

国学课堂

鞠躬尽力，死而后已。

小心谨慎地贡献出全部力量，一直到死。

第62~63天 来猜猜脑筋急转弯吧

叮咚……准爸爸的时间到啦。除了要负责孕妈妈的饮食，准爸爸还要肩负起让孕妈妈快乐的重任。今天，给孕妈妈和胎宝宝出些脑筋急转弯的题目吧，让大脑快速转动起来。

1. 蜘蛛侠和超人有什么不同？
2. 世界上的夫妻都有的一个共同点是什么？
3. 有一个问题，不论你问到任何人，答案都是“没有”，请问那是什么？
4. 什么池里没有水？
5. 大灰狼拖走了羊妈妈，小羊为什么也不声不响地跟了去？
6. 哪一种竹子不长在土里？
7. 风的孩子叫什么？
8. 鸭子会飞，煮熟的鸭子都会飞掉，有什么办法让煮熟的鸭子飞不掉呢？
9. 一个人丢了头毛驴却不去寻找，只是不停地喊“谢天谢地，谢天谢地……”，为什么？
10. 什么河里没有鱼呢？
11. 医治晕车最好的办法是什么？
12. 为什么大三的女生都很富有啊？
13. 三个人一起下田，但其中一个人却老站在那里不动手，为什么？
14. 萝卜喝醉了，会变成什么？
15. 煮一个蛋要四分钟，煮八个蛋要几分钟？

脑筋急转弯答案

1. 一个是内裤外穿，一个是外裤内穿　2. 都是同年同月同日结婚的　3. 你睡了没　4. 电池
5. 因为小羊还没有出生　6. 爆竹　7. 水起，因为“风生水起”　8. 给煮熟的鸭子插上翅膀，因为“插翅难飞”
9. 他想：还好自己没坐在上面，要不然连自己也丢了　10. 银河　11. 走路　12. 女大三抱金砖
13. 稻草人　14. 胡萝卜　15. 四分钟

国学课堂

己所不欲，勿施于人。

自己不想要的，不要加给别人。

第64天 诗歌：《金色花》

孩子的心是天真烂漫的，在泰戈尔美丽的诗句中，我们能体会到孩子如幻如真的童心，爱就从这里蔓延……

假如我变成了一朵金色花[1]，为了好玩，
长在树的高枝上，笑嘻嘻地在空中摇摆，
又在新叶上跳舞，妈妈，你会认识我吗？
你要是叫道："孩子，你在哪里呀？"
我暗暗地在那里匿笑，却一声儿不响。
我要悄悄地开放花瓣儿，看着你工作。
当你沐浴后，湿发披在两肩，穿过金色花的林荫，
走到做祷告的小庭院时，你会嗅到这花香，
却不知道这香气是从我身上来的。
当你吃过午饭，坐在窗前读《罗摩衍那》[2]，
那棵树的阴影落在你的头发与膝上时，
我便要将我小小的影子投在你的书页上，
正投在你所读的地方。
但是你会猜得出这就是你孩子的小小影子吗？
当你黄昏时拿了灯到牛棚里去，
我便要突然地再落到地上来，
又成了你的孩子，求你讲故事给我听。
"你到哪里去了，你这坏孩子？"
"我不告诉你，妈妈。"
这就是你同我那时所要说的话了。

——泰戈尔

注：

①金色花，原名Champa，亦作Champak，印度圣树，木兰花属植物，开金黄色碎花。译名亦作"瞻博迦"或"占博伽"。

②《罗摩衍那》（Ramayana）为印度叙事诗，相传为vaimiki所作。今传本形式约为公元二世纪间所形成。全书分为七卷，共二万四千颂，皆叙述罗摩生平之作。

国学课堂

见贤思齐焉，见不贤而内自省也。

看见贤德的人就要想着向他看齐，看见不贤德的人就要反省自己。

第65~66天 深呼吸让胎教效果更好

胎教时，胎宝宝的接受程度和孕妈妈的用心程度有着密切的关系。孕妈妈如果心绪烦躁，胎教效果会大打折扣。因此，在进行胎教前，最好能将情绪和注意力集中起来。这两天，孕妈妈来学习一种能促进胎教效果的呼吸法吧。这种呼吸法能让你的心情平静。

呼吸前的准备：自由放松

呼吸前，要先进行放松活动。

孕妈妈可以自由选择场所，床或沙发都可以，地板上也不错，只要你觉得腰背舒展就好。然后放松全身，微闭双目，手放在你觉得舒适的地方，如身旁或腹部。穿宽松的衣物或运动服能帮助放松身体。

深呼吸

一边用鼻子吸入长长的一口气，一边默数“1、2、3、4、5”（约5秒钟，你在吸气时感觉到不能再吸了就可以了，不一定非要5秒钟），吸气时要让自己感到气体被储存在腹中。

然后，慢慢地将气呼出来，嘴或鼻子都可以，关键是要缓慢、平静地呼出来，时间可以达到吸气时间的两倍。就这样反复呼吸几次，孕妈妈很快就能感觉心情平静、头脑清醒了。

孕妈妈在闲暇时分，多做做深呼吸，同时用手感受胎宝宝，与胎宝宝共享这美妙的一刻。

国学课堂

君子之过也，如日月之食焉：过也，人皆见之；更也，人皆仰之。

君子的过错，就像日食和月食一样：有了过错，人人都看见了；改正的时候，人人都仰望着。

第67~68天 成语故事：《一叶障目》

中国的很多成语是来源于故事或是历史事件的，有一些成语故事还非常有趣。孕妈妈读一读，不但能增加知识，还能会心一笑。

从前，楚国有个书呆子，家里很穷。

一天，他看到有本书上写着："如果得到螳螂捕捉知了时用来遮身的那片叶子，就可以把自己的身体隐蔽起来，谁也看不见。"于是他想："如果我能得到那片叶子，那该多好呀！"

从这天起，他整天在树林里转来转去，寻找螳螂捉知了时藏身的叶子。终于有一天，他看到一只螳螂隐身在一片树叶下捕捉知了，他兴奋极了，猛一下扑上去摘下那片叶子。可是，他用力太猛了，一不小心那片叶子掉在地上，与满地的落叶混在一起。他懊丧极了，差点哭出来，可不一会儿，他想出了办法，拿来一只簸箕，把地上的落叶全都收拾起来，带回家去。

他决定一片一片试验。于是，他举起一片树叶，问他的妻子说："你能看得见我吗？""看得见。"他妻子回答。"你能看得见吗？"他又举起一片树叶说。"看得见。"妻子耐心地回答。

他一次次地问，妻子一次次地回答。到后来，他的妻子终于不耐烦了，随口答道："看不见啦！"

书呆子一听乐坏了。他拿了树叶，来到街上，用树叶挡住自己，当着店主的面，伸手取了店里东西就走。

店主把他抓住，送到官府去。县官觉得很奇怪，居然有人敢在光天化日之下偷东西，便问他究竟是怎么回事，书呆子说了原委，县官听罢，哭笑不得，最后还是把他放回了家。

国学课堂

仕而优则学，学而优则仕。

做官做好了还有余力，就更广泛地去学习以求更好；学习学好了还有余力，就可以去做官以便更好地推行仁道。

第69~70天 营养胎教：还是让准爸爸下厨吧

即使闻到油烟味不像前几周那么恶心，孕妈妈也别再进厨房了，因为厨房是家里空气污染最严重的地方，而且还有很多危险的器具，一不小心就会磕到碰到。所以，做饭的事就交给准爸爸吧。准爸爸做饭水平不行没关系，可以跟着我们学，保证令妈妈宝宝都满意。即使孕妈咪不做饭，也建议她们做做准备工作，参加家务活动，活动活动身心。

百合炒肉

材料 百合50克，猪里脊肉150克。

调料 盐、蛋清、水淀粉、植物油各适量。

做法

1 里脊肉洗净切片；百合洗净切成小块。将百合、肉片用盐、蛋清抓匀，加入水淀粉，搅拌均匀。

2 上述材料入油锅中翻炒至熟即可。

肉丝银芽汤

材料 黄豆芽100克，猪肉50克，粉丝25克。

调料 榨菜丝、盐、植物油各适量。

做法

1 猪肉洗净，切成丝；粉丝用水泡软。

2 黄豆芽择洗干净，和肉丝一起放入油锅中翻炒至变色后加入适量水，再下入粉丝、榨菜丝、盐煮5~10分钟即可。

糖醋白菜

材料 白菜400克，胡萝卜1根。

调料 白糖、米醋、生抽、淀粉、植物油各适量。

做法

1 将白菜洗净，切斜片；胡萝卜洗净，切菱形片；将白糖、米醋、生抽、淀粉混合成味汁。

2 油锅烧热，先炒胡萝卜至稍软后放入白菜，大火翻炒，再倒入味汁翻匀即成。

咸蛋黄炒饭

材料 米饭300克，咸蛋黄1个。

调料 盐、蒜苗、小葱、香菜、植物油各适量。

做法

1 蒜苗、小葱、香菜均洗净切末，咸蛋黄切丁。

2 锅内倒油烧热，爆香葱末，放入咸蛋黄和蒜苗拌炒，加入米饭及盐炒匀，盛入盘中，撒上香菜末即可。

国学课堂

仁远乎哉？我欲仁，斯仁至矣。

仁德难道离我们很远吗？我想要为仁行善，那么仁德就来了。

第71天 蒙学经典：《千字文》

《千字文》是传统蒙学的又一经典，为南朝周兴嗣所作，用1000个不重复的字写成，内容涉及天文地理、伦理人情、历史教育等诸多方面，文章华丽优美，文采飞扬，非常值得学习。孕妈妈不但可以在孕期读，将来宝宝出生了，也可以读给宝宝听，是非常好的启蒙教材。

由于篇幅所限，又为了展现《千字文》优美的全貌，我们将《千字文》部分原文呈献给孕妈妈。如果孕妈妈喜欢，建议买传统蒙学书来看，最好是买《三字经》《百家姓》《千字文》的合并本。

天地玄黄 宇宙洪荒 日月盈昃 辰宿列张 寒来暑往 秋收冬藏 闰馀成岁 律吕调阳
云腾致雨 露结为霜 金生丽水 玉出昆冈 剑号巨阙 珠称夜光 果珍李柰 菜重芥姜
海咸河淡 鳞潜羽翔 龙师火帝 鸟官人皇 始制文字 乃服衣裳 推位让国 有虞陶唐
吊民伐罪 周发殷汤 坐朝问道 垂拱平章 爱育黎首 臣伏戎羌 遐迩一体 率宾归王
鸣凤在竹 白驹食场 化被草木 赖及万方 盖此身发 四大五常 恭惟鞠养 岂敢毁伤
女慕贞洁 男效才良 知过必改 得能莫忘 罔谈彼短 靡恃己长 信使可覆 器欲难量
墨悲丝染 诗赞羔羊 景行维贤 克念作圣 德建名立 形端表正 空谷传声 虚堂习听
祸因恶积 福缘善庆 尺璧非宝 寸阴是竞 资父事君 曰严与敬 孝当竭力 忠则尽命
临深履薄 夙兴温凊 似兰斯馨 如松之盛 川流不息 渊澄取映 容止若思 言辞安定
笃初诚美 慎终宜令 荣业所基 籍甚无竟 学优登仕 摄职从政 存以甘棠 去而益咏
乐殊贵贱 礼别尊卑 上和下睦 夫唱妇随 外受傅训 入奉母仪 诸姑伯叔 犹子比儿
孔怀兄弟 同气连枝 交友投分 切磨箴规 仁慈隐恻 造次弗离 节义廉退 颠沛匪亏
性静情逸 心动神疲 守真志满 逐物意移 坚持雅操 好爵自縻

国学课堂

人无远虑，必有近忧。

一个人如果没有长远打算，一定会有眼前的忧患。

第72~73天 快乐学习A、B、C

孕妈妈如能在胎教时期给胎宝宝一点英文的熏陶，就可以比较有效地培养胎宝宝的语感，让胎宝宝快速进入双语的环境中。

学习英文的方法

（1）孕妈妈可以自己制作卡片，上面写上英文字母或简单的单词，带着胎宝宝来朗读和拼记，胎宝宝可是有记忆力了呢。卡片的颜色也能给胎宝宝一定的刺激。

（2）孕妈妈可以讲一些很简单的英语。将自己看见、听见的事情，以简单的英语对胎儿讲。

（3）如果已经知道胎儿的性别，或者已经替即将出生的宝宝取好了名字的话，孕妈妈就可以常常呼唤胎儿的名字了！

（4）孕妈妈可以和肚子里的胎儿一起“学”。平时可以看些原版带有中文字幕（方便孕妈妈理解）的卡通DVD，学得既正宗又有趣。还可以买些儿童英文歌曲经常放给肚中的胎宝宝听哦。

（5）孕妈妈周围要营造出练习英语的环境。不妨选购原版的英语唱游DVD，如Baby Einstein，内容很不错，也朗朗上口！

英文例句

(1) This is Mommy.

(2) It’s a nice day!

(3) Let’s go to the zoo.

(4) That is a dog.

(5) Lisa, I am your Mommy and I love you so much!

(6) Johnny, you are my lovely baby and I will try to give anything that you like!

国学课堂

士不可以不弘毅，任重而道远。

知识分子不能没有宽阔的胸怀和刚强的毅力，因为他担负着重大的历史使命而且道路遥远。

第74~75天

孕妈准爸PK五子棋

五子棋是一种两人对弈的纯策略性游戏，是起源于中国古代的传统黑白棋种之一。五子棋发展于日本，流行于欧美，学起来也很容易。

孕妈妈和准爸爸今天就开始玩玩吧。玩这个游戏能增强孕妈妈和胎宝宝的思维能力，提高智力，而且还能帮助孕妈妈修身养性。

传统五子棋的棋具与围棋相同，棋子分为黑白两色，棋盘大小为19×19，棋子放置于棋盘线交叉点上。两人对局，各执一色，轮流下一子，先将横、竖或斜线的5个或5个以上同色棋子连成不间断的一排者为胜。

胎教小贴士

传统五子棋在落子后不能移动或拿掉，所以也可以用纸和笔来进行游戏。

准爸爸、孕妈妈准备好了吗，那就开始吧！

孕妈妈和准爸爸正在专心致志地下五子棋呢。

国学课堂

君子矜而不争，群而不党。

君子端庄而不争执，会合群而不拉帮结伙。

第76~77天 剪纸欣赏：十二生肖（一）

今天，孕妈妈感受到胎宝宝在肚子中的活动了吗？按预产期推算，宝宝的生肖是什么呢？

看看下面可爱的生肖小动物，同时还能欣赏传统的剪纸艺术呢！

孕妈妈还可以多为胎宝宝描述一下自己和准爸爸的生肖，并让准爸爸为胎宝宝讲述各个生肖的有趣故事。

鼠：智慧、敏锐、单纯、坦诚

牛：勤劳、纯朴、努力、坚毅

虎：热诚、勇敢、权威、勇猛

国学课堂

君子耻其言而过其行。

说得多，做得少，君子以此为耻辱。

第78天 让胎宝宝也感受一下酸、甜、苦等味道

本月胎宝宝的舌头逐渐形成，味蕾也开始出现，等到孕16周时，味蕾会发育完全；在28～32周时味觉的神经束发生髓鞘化；出生时味觉就已发育完善了。所以，胎宝宝是能够分辨味道的。孕妈妈不妨在这方面也进行一下胎教，使宝宝将来的味觉反应更灵敏。

孕妈妈可以将自己喜欢的、不喜欢的味道都品尝一下，好好体会，并跟胎宝宝沟通。

吃到甜的东西，孕妈妈可以细细感觉，联想一下与甜味有关的事物，如香甜的水果、甜言蜜语、粉嫩的颜色等，然后再想象一下胎宝宝尝到这个味道的情景。

其他不喜欢的味道，最好也不要老想着不喜欢或讨厌的感觉，应该放开身心，仔细品味，可以想想跟这种味道有关系的好处，比如大多数苦味食物有降火的作用；不爱胡萝卜味道的可以将注意力集中在它富含多种维生素、对身体有好处上。这样才能让胎宝宝尽可能更深刻地感受这些味道，为他（她）出生后形成健康的饮食习惯打下基础。

甜的

酸的

苦的

国学课堂

君子泰而不骄，小人骄而不泰。

君子平和大方而不骄恣，小人骄恣而不平和大方。

第79~80天 多跟孕友交流心得体会

怀孕了，也别老把自己闷在家里保胎

到了这一周，不少孕妈妈的早孕反应在慢慢减弱。流产的可能性大大降低，孕妈妈不用过于担心了。所以，孕妈妈不要老把自己闷在家里保胎，适当的时候可以外出散散步、跟朋友出去小聚一下、约孕友聊聊怀孕心得等。这样能让孕妈妈心情放松，精神愉悦，胎宝宝也能跟着快乐呢。

写微博跟“孕友”分享趣事儿

微博改变了生活，更拉近了人与人之间的距离，时间和距离已不再是沟通的障碍。实际上，微博提供了这样一个平台：既可以作为观众，在微博上浏览感兴趣的信息；也可以作为发布者，在微博上发布内容供别人浏览。

对于孕妈妈来说，通过微博可以浏览相关的孕产知识，提出在怀孕过程中的疑问，直接@知名的医生，请他们帮忙答惑解疑，也可以跟孕友分享怀孕时的故事，从而拥有了一个更广阔的交流的空间。

分享一下孕妈妈的心得体会吧

牛牛妈妈：怀孕对于我总不那么容易，今天开始忐忑中保胎。在医院看到那些挺着肚子的孕妇，心中很是羡慕妒忌，她们的肚子都看起来好结实啊。

时尚辣妈：还有一周就进入孕7月了，时间快得多恐怖，还是剪了个西瓜头，实在无法忍受长到颧骨的刘海，没勇气留到可以变中分的那个时候啊！

开心孕妈：宝贝足月了，跟宝贝见面的日子越来越近了，心情也越来越激动了，怀孕到现在重了40斤，而且也没有长妊娠纹，只要宝贝健康，这40斤也值了，等生完再减呗。就是不知道是男宝还是女宝呢？不过不管是男宝宝还是女宝宝，都是爸爸妈妈的贴心小棉袄。

你就是开心果：宝宝，你越来越大了，越来越有力气了，经常一脚踢过来让我好难受，可是，妈妈依然很开心，因为能感受到你充沛的活力！你每天在肚子里翻身，舒展，踢腿，伸懒腰，甚至打嗝，妈妈都能感觉得到。我的宝宝，你的存在就是我最大的幸福。

国学课堂

昔我往矣，杨柳依依；今我来思，雨雪霏霏。

回想当初出征时，杨柳依依随风吹；如今回来路途中，大雪纷纷满天飞。

第81~82天 名曲欣赏：《蓝色多瑙河》

孕妈妈今天来欣赏优美动听的《蓝色多瑙河》吧，这是由“圆舞曲之王”约翰·施特劳斯所创作的经典曲目。

这样听

在心情平静的时候带着胎宝宝来听这首曲子吧，还可以在头脑中勾勒出多瑙河湛蓝的河水、如画的风光，并将这种美的感受传递给胎宝宝。

约翰·施特劳斯和他的《蓝色多瑙河》

多瑙河是流经中欧的一条主要河流。这条河流对作曲家来讲，如同母亲一样的亲切、熟悉。约翰·施特劳斯不知多少次泛舟多瑙河上，漫步在它的两岸。那湛蓝的河水、如画的风光、村民朴实的舞蹈、美丽动人的传说，使作曲家感到犹如身在母亲温暖的怀抱之中，经常流连忘返，不愿离去。在阅读好友格涅尔的诗篇《美丽的蓝色多瑙河》时，乐思如同奔腾的河水，激荡在他的心头，由此创作出了这首传世名曲。

关于这首曲子

《蓝色多瑙河》圆舞曲写于1867年，是约翰·施特劳斯创作的四百多首圆舞曲中最著名的一首，由五首小圆舞曲组成。

序奏里，在小提琴描写水波荡漾的轻微震音的背景上，先由圆号演奏多瑙河的音乐主题。第二圆舞曲主题性格活泼，副题比较悠扬。第三圆舞曲主题跳跃性比较强，副题带有流动性的特点。第四圆舞曲主题充满幸福感，并富于歌唱性，副题旋转性比较强，情绪也比较热烈。第五圆舞曲有着欢快和热烈的气氛，然后是结束部分，这里再现了前面几个小圆舞曲的部分旋律，好似一种回顾，最后再把欢乐的情绪推到高潮时结束。

国学课堂

知我者，谓我心忧，不知我者，谓我何求。

了解我心情的人，认为我心中惆怅；不了解我心情的人，还以为我待在这儿有什么要求呢！

第83~84天

名画欣赏：《小淘气》

今天推荐孕妈妈欣赏的是19世纪末法国著名的唯美主义画家布格罗的一幅画——《小淘气》。这是一幅浪漫的作品，画面中小女孩翻墙下不来，被路过的母亲“搭救”，母女相互对视，“悔过”、“原谅”的眼神被刻画得淋漓尽致。孕妈妈看着这一母女情深的画面，是不是也体会到了它的动人之处呢？

成语接龙答案

一叶障目　目不斜视　路见不平　平安无事　三思而行
行云流水　水漫金山　山明水秀　餐风宿雨　雨过天晴
里外夹攻　攻其不备　备尝艰辛

国学课堂

如切如磋，如琢如磨。

君子的自我修养就像加工骨器，切了还要磋；就像加工玉器，琢了还得磨。

孕妈妈和胎宝宝

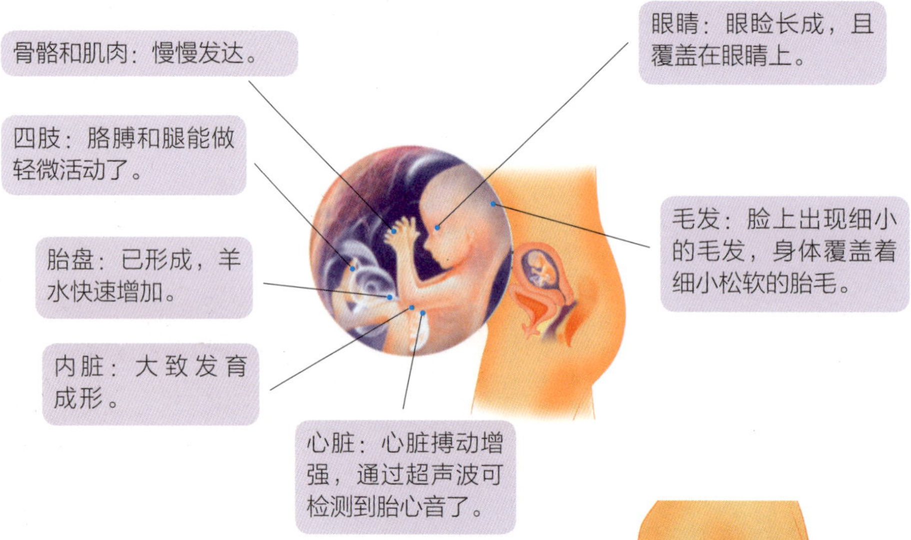

骨骼和肌肉：慢慢发达。
四肢：胳膊和腿能做轻微活动了。
胎盘：已形成，羊水快速增加。
内脏：大致发育成形。
心脏：心脏搏动增强，通过超声波可检测到胎心音了。
眼睛：眼睑长成，且覆盖在眼睛上。
毛发：脸上出现细小的毛发，身体覆盖着细小松软的胎毛。

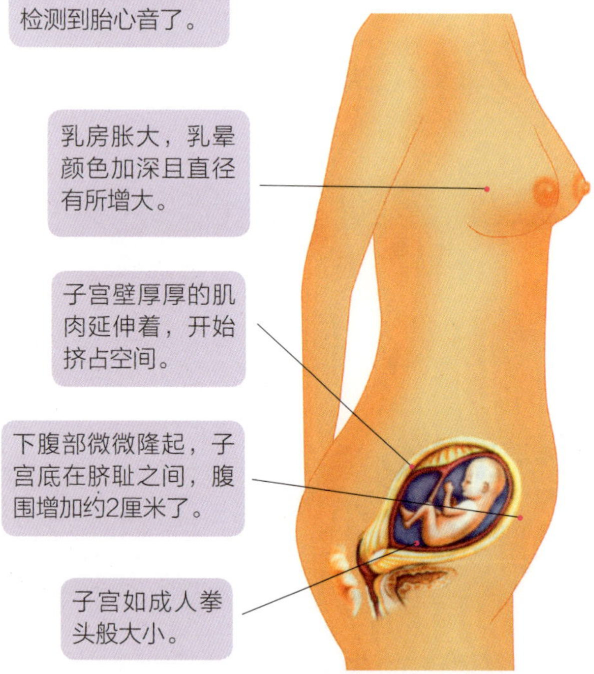

乳房胀大，乳晕颜色加深且直径有所增大。
子宫壁厚厚的肌肉延伸着，开始挤占空间。
下腹部微微隆起，子宫底在脐耻之间，腹围增加约2厘米了。
子宫如成人拳头般大小。

孕4月末期，胎宝宝的身长约16厘米，体重约120克，相当于2个鸡蛋的重量。

孕4月

进入了比较舒服的时候

第85天 进入了比较稳定的时期

孕妈妈健康生活馆

到了这个月，孕妈妈流产的概率大大降低了。但是，有过流产史的孕妈妈依然要小心。不过，这时候胎宝宝已经很结实了，他也会保护自己的。因此，孕妈妈在这个时候最好把精力放在为将来顺利分娩和产后恢复而必做的事情上——运动。

现在，孕妈妈可以有目的地做一些孕妇操，每天晚饭后还可以让准爸爸陪着一起散散步，这是最安全和健康的运动。

完美准爸爸进修课堂

每个月都要记得陪孕妈妈去做产检，如果有什么疑惑，一定要向医生询问，告诉孕妈妈没有必要那么担心，有什么问题两个人共同承担。

跟孕妈妈讨论一下有宝宝后的生活和打算，或者翻翻字典、找找有没有中意的名字，预演一下三口之家的生活，以防日后手忙脚乱。

孕4月饮食宜忌

✓ 	每天喝500～600毫升牛奶，多吃鱼类、鸡蛋、芝麻、瘦肉等，为胎宝宝的骨骼和牙齿发育提供足够钙质。
	多吃一些富含脂肪酸的食物，如核桃、松子、葵花子、杏仁、榛子、花生等坚果类食物。
✗ 	孕期出现水肿是正常的，孕妈妈在整个孕期都不要吃过咸的食物，避免加重水肿。
	不要吃过多凉的食物，否则容易引起下泻，从而刺激直肠，导致子宫出血，给怀孕带来不良影响。

国学课堂

人而无仪，不死何为。

为人却没有道德，不死还有什么意思。

第86~87天 胎宝宝喜欢新鲜的空气

新鲜的空气对胎宝宝有益

新鲜空气中含氧量高，气压、湿度及各种气体的比例都更契合人体的呼吸特点，有助于提高人体的呼吸效果。

经常呼吸纯净、新鲜的空气，能促进血液循环、提神醒脑、静心安神，使人不容易疲劳。无疑，胎宝宝也是非常喜欢新鲜的空气的。孕妈妈多呼吸新鲜空气对胎宝宝有益。

研究表明，经常生活在新鲜空气中的孕妈妈孕育的胎宝宝胎动更正常，生长发育较好，出生后也比较安静，很少躁动。

让胎宝宝徜徉在新鲜的空气中

孕妈妈应该尽量给胎宝宝创造一个空气清新、新鲜的环境。长期所处的环境一定要保证良好的通风，可以经常开一扇窗或定时开窗换气，让室外的新鲜空气源源不断地进入房间。而室外空气较差时，则要紧闭门窗。

另外，打扫卫生的时候一定要沾水，尽量不用尘掸子，以免造成再次污染。

如果使用加湿器，尽量用纯净水和冷开水，并且天天换新水。

孕妈妈应尽量避免到公共场所和人口密集的地方去，尽量选择花草树木多、空间开阔、空气流通的地方进行室外活动。

孕妈妈可以在植物繁盛的地方散步、休憩，让胎宝宝呼吸到更多新鲜的空气。

国学课堂

言者无罪，闻者足戒。

提意见的人只要是善意的，即使提得不正确，也是无罪的。听取意见的人即使没有对方所提的缺点错误，也值得引以为戒。

第88~89天 把汤姆猫当成是宝宝来对话吧

汤姆猫是一款非常受欢迎的手机游戏，汤姆是一款宠物猫，在你触摸它时会做出各种各样有趣的反应。孕妈妈也来让汤姆猫来逗你开心吧。

跟他说话，他会用有趣的声音重复你的话。

打他的头，他会装成被打的样子，连续打还会“咚”地一下倒地不起；抚摸肚子，他会打呼噜；打肚子，他会“咕噜咕噜”地装肚子疼；抓尾巴，他会生气；戳脚，他会抓着脚发出“唉呦唉呦”痛苦的声音。

点“牛奶”按键，他会喝一杯牛奶；点“交叉手”按键，他会“噗噗”放屁；点“锣形”按键，他会“啪啪”拍锣；点“猫爪”按键，他会用爪子在屏幕上画出痕迹；点“小鸟”按键，它会吓走一只小鸟；点“蛋糕”按键，他会把蛋糕扔到屏幕上。

既然扮作胎宝宝的小汤姆能让你如此快乐，要对它好一点哦。每天一杯牛奶，不时抚摸抚摸，陪着聊聊天，它才会如同胎宝宝一样又乖又健康地成长。

国学课堂

高山仰止，景行行止。

道德高尚，人们就仰慕；行为光明正大，人们则效仿。

第90~91天 知识胎教：教胎宝宝认简单的字

今天，孕妈妈来教胎宝宝认汉字吧。

做几张识字卡片吧

找点硬纸，剪成大小适当的卡片，在上面分别写上“人、口、手、鼻、耳、眼”。孕妈妈在写的时候可以用不同颜色的彩笔，漂亮的颜色更能引起胎宝宝的注意，也能加深他对色彩的认知。

开始教宝宝认字

在脑海中一遍遍描摹这些字的写法，然后大声地朗读出来。孕妈妈可以指着自己的耳朵说：“宝宝，这就是‘耳’，你的耳朵在哪里呢？让妈妈来摸摸吧！”这样能让胎宝宝更积极地参与到这有趣的学习过程中来。

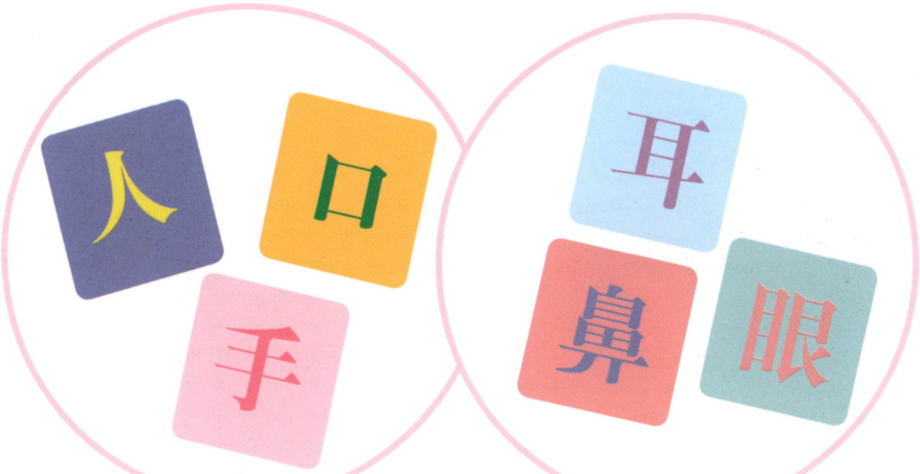

国学课堂

他人有心，予忖度之。

别人有什么心思，我能揣测到。

第92天 营养胎教：有效防止便秘的两道菜

今天准爸爸来下厨给孕妈妈做两道缓解便秘的菜吧。孕妈妈吃了之后可以助消化，促排便，一身轻松。

清炒芦笋

材料 芦笋400克。

调料 葱末、花椒、盐、植物油各适量。

做法

1 将芦笋洗净，切成段备用。

2 炒锅置火上，倒油烧热，放入花椒炸香，下入葱末煸炒片刻。

3 最后放入芦笋翻炒至熟，加入盐炒匀即可。

黄豆芽炒芹菜

材料 黄豆芽250克，芹菜100克。

调料 葱花、花椒粉、盐、鸡精、植物油各适量。

做法

1 黄豆芽择洗干净；芹菜择洗干净，切段，入沸水中焯透，捞出。

2 炒锅置火上，倒入适量植物油，待油烧至七成热，放入葱花和花椒粉炒出香味。

3 放入黄豆芽炒熟，倒入芹菜段翻炒均匀，用盐和鸡精调味即可。

国学课堂

高岸为谷，深谷为陵。

高岸变成深谷，深谷变成大土山。常喻人世间的重大变迁。

第93~94天 知识胎教："喵星人"的神奇之处

"喵星人"是将猫戏称为从遥远外太空的喵星球来到地球的外星人，利用很萌的外表骗取人类的信任，然后出其不意地占用地球的鱼资源，主要用来称呼会讨人喜欢、善于卖萌的猫，也泛指所有猫。爱猫人士多用此词汇称呼可爱的猫，以表达自己对聪明活泼、讨人喜欢的猫咪的喜爱之情。猫是家庭中极为常见的宠物。与猫有关的有趣特征很多。

非常爱睡觉

猫一天中有14～15小时是在睡眠中度过的，有的甚至能睡上20个小时，所以被称为"懒猫"。其实，猫有3/4的时间是假睡，只要有点声响，耳朵就会动，有人走近就会一下子站起来。

我行我素

猫是很任性的，经常我行我素。有时，你怎么叫它，它都当没听见。猫和主人不是主从关系，而是朋友关系。

爱干净

猫的舌头上有许多粗糙的小突起，这是猫清除脏污的最合适的工具。猫经常清理自己的毛，爱舔身子。饭后会用前爪擦擦胡子，被抱后会用舌头舔舔毛。这些都是猫去除身上异味的行为。

国学课堂

投我以桃，报之以李。

他送给我桃子，我以李子回赠他。比喻相互赠答，礼尚往来。

第95~96天 运动胎教：散步能让孕妈妈吸入更多氧气

到了这周，怀孕早期经常担心的流产危险基本消除，现在孕妈妈和胎宝宝是比较安全的，可以每天抽点时间散散步。孕妈妈通过适当的散步能使自己吸入更多的氧气，不仅可以促进胎宝宝脑部的发育，还能调节孕妈妈的心情。

1 确认身体处于良好的状态

散步前，要确认自己的身体不存在任何问题。

2 穿舒适、轻便的鞋

孕妈妈最好穿轻便的鞋，开口宽敞、低面、弹性好的鞋子是最佳选择。另外，穿棉袜可以保护孕妈妈的足部。

3 摄取充足的水分

在散步前，要准备好大麦茶或矿物质饮料，为身体供给充足的水分，防止出现脱水症状。

4 控制速度

孕妈妈要根据自己的身体状态来调节走路的速度，保持愉快的心态，这样能获得最佳的散步效果。

5 选择适宜的散步地点

最好选择平坦的泥地或草地。

6 放松呼吸

用鼻子吸入长长的一口气之后稍作停顿，然后随着“呼”的一声把气息从口中排出，分娩阵痛时也需要用到与此类似的呼吸法，从现在就开始试着练习吧。

7 正确的姿势

孕妈妈在散步时，要挺起胸部，注视前方，步伐不要迈得太大，要给双脚留出一定的自由活动时间。

胎教小贴士

在寒冷的冬天或是其他不宜外出的时节，最好打开家里的窗户进行换气，并借助简单的体操运动来增加氧气的摄入量。

国学课堂

皮之不存，毛将焉附。

皮都没有了，毛往哪里依附呢？比喻事物失去了借以生存的基础，就不能存在。

第97~98天 诗歌欣赏：《致橡树》

舒婷的《致橡树》描写的是独立又伟大的爱情。今天，孕妈妈声情并茂地朗诵这首诗吧！读了这首诗，孕妈妈的生活态度会更积极、乐观、健康。

我如果爱你——
绝不像攀援的凌霄花，
借你的高枝炫耀自己；
我如果爱你——
绝不学痴情的鸟儿，
为绿荫重复单调的歌曲；
也不止像泉源，
常年送来清凉的慰藉；
也不止像险峰，增加你的高度，衬托你的威仪。
甚至日光。
甚至春雨。
不，这些都还不够。
我必须是你近旁的一株木棉，
作为树的形象和你站在一起。
根，紧握在地下，
叶，相触在云里。
每一阵风过，
我们都互相致意，
但没有人，
听懂我们的言语。
你有你的铜枝铁干，
像刀，像剑，
也像戟，
我有我的红硕花朵，
像沉重的叹息，
又像英勇的火炬，
我们分担寒潮、风雷、霹雳；
我们共享雾霭、流岚、虹霓，
仿佛永远分离，
却又终身相依，
这才是伟大的爱情，
坚贞就在这里：
不仅爱你伟岸的身躯，
也爱你坚持的位置，脚下的土地。

——舒婷

国学课堂

言之无文，行而不远。

文章没有文采，就不能流传很久远。

第99天 认识一下简单的图形吧

这两天，孕妈妈的散步功课可不能落下哦。在散步的时候，带着胎宝宝来认识一下生活中常见的各种图形吧，如圆圆的太阳、方方的桌子、弯弯的月亮、尖尖的塔楼等。孕妈妈还可以在纸上画出各种图形，再动手涂上漂亮的颜色，告诉胎宝宝圆的是什么，方的是什么，椭圆的又是什么，胎宝宝会很感兴趣的。

▲梯形

▲菱形

▲三角形

▲心形

▲正方形

▲星形

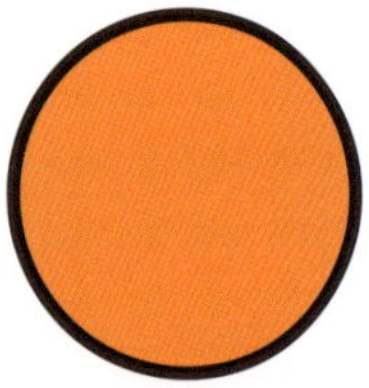

▲圆形

▲太阳

▲小草

国学课堂

外举不弃仇，内举不失亲。

推荐人才，举荐外人时不避开自己的仇人，举荐内部人时不避开自己的亲人。

第100~101天 意念胎教：通过B超想象宝宝的模样

到了孕中期，孕检也要定时去做，可不能偷懒哦。在做孕检时，最好能由准爸爸陪同。

如果今天去医院进行孕检的话，除了可以排除宫外孕的可能和判断胎宝宝有无畸形等病症外，你还可以看到胎宝宝的第一张B超照片，上面会有胎宝宝现在的模样。如有条件，可以将其带回家去，作为宝宝的第一张精彩留影。

根据B超图片，想象一下宝宝的模样

从B超的电脑屏幕上看到胎宝宝的那一刻，准爸爸和孕妈妈都很激动吧！小家伙动来动去，是在揉眼睛、伸胳膊，还是踢腿呢？你照的B超照片上，宝宝正在做什么呢？胎宝宝的脸清楚吗？是不是跟你想象中的胎宝宝很像？

孕妈妈可以通过自己的想象，将胎宝宝的模样想得更为具体生动些，这个清新的胎宝宝模样将是你和胎宝宝的第一次碰面。还可以根据B超画出胎宝宝，等宝宝出生、长大后，跟宝宝分享一下。

胎教小贴士

B超分为黑白B超和彩超，相比较黑白B超，彩超功能更多一些，对妊娠期孕妈妈疾病的诊断也更明确，其图像分辨力也优于黑白B超，价格也贵些。

需要注意的是，彩超的显示图像不是彩色的，只是显示血流的颜色更好看了些。彩超只是评价血流的手段，如果没有精确检查的必要，可以先做黑白B超。一般来说，孕中期的孕检做黑白B超就足够了。

国学课堂

居安思危，思则有备，有备无患。

生活安宁时要考虑危险的到来，考虑到了这一点就要为危险而做准备，事先有了准备，等到事发时就不会造成悲剧了。

第102~103天 年画欣赏：《射桃子》

看这个胖娃娃，手里拿着弓，眼睛看着被箭射中的桃子，露出欣喜的表情，一副憨态可掬的模样！又大又圆的桃子鲜美诱人，令人垂涎欲滴。

看到这幅图，孕妈妈是不是也在想象着自己的宝宝也如此活泼可爱呢？

国学课堂

祸兮福之所倚，福兮祸之所伏。

祸与福互相依存，可以互相转化。

第104~105天 古诗欣赏：王维诗三首

王维的诗造诣很高，被称为“诗中有画，画中有诗”。下面的两首就可以作为诗画合一的佳作多多欣赏。

山居秋暝

空山新雨后，天气晚来秋。
明月松间照，清泉石上流。
竹喧归浣女，莲动下渔舟。
随意春芳歇，王孙自可留。

竹里馆

独坐幽篁里，
弹琴复长啸。
深林人不知，
明月来相照。

鹿柴

空山不见人，
但闻人语响。
返影入深林，
复照青苔上。

在这三首诗中，描绘了新雨、空山、明月、清泉、竹喧、渔舟、青苔等，犹如一幅幅宁静致远的山水画。

国学课堂

大直若屈，大巧若拙，大辩若讷。

最正直的人外表反似委曲随和；真正聪明的人，不显露自己，从表面看好像很笨拙；真正有口才的人表面上好像嘴很笨，不露锋芒。

第106天 运动胎教：做有氧操

今天的胎教内容就是做有氧操，孕妈妈和胎宝宝一起活动活动筋骨吧！

1 上臂上抬至肩膀，上半身向左右转动。

2 手臂向后伸展，上身弯曲与地面平行，抬起头，眼看前方。

3 两脚用力分开，蹲下，双手抓住两脚踝。

4 两脚分开，膝盖伸直，双手抓住两脚踝。

国学课堂

合抱之木，生于毫末；九层之台，起于累土；千里之行，始于足下。

合抱的大树，生长于细小的幼苗；九层的高台，筑起于每一堆泥土；千里的远行，是从脚下第一步开始走出来的。

第107~108天 用手语跟宝宝说早上好、晚安

早上起来，孕妈妈、准爸爸都不要忘了跟宝宝打个招呼哦！可以直接说“早上好”，也可以用手语跟宝宝问好！

早上好

早上：一手四指与拇指相捏，手背向上横放在胸前，缓缓向上竖起，五指逐渐松开，象征天色由暗转明。

好：一手握拳，拇指向上。

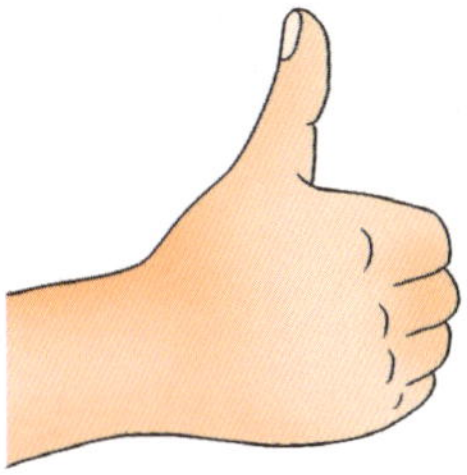

晚安

晚（晚上）：一手四指并拢与拇指呈90度直角，放在眼前。再慢慢做弧形下移，同时五指捏合，象征天色由明转暗。

安：一手横伸，掌心向下，自胸前向下一按。

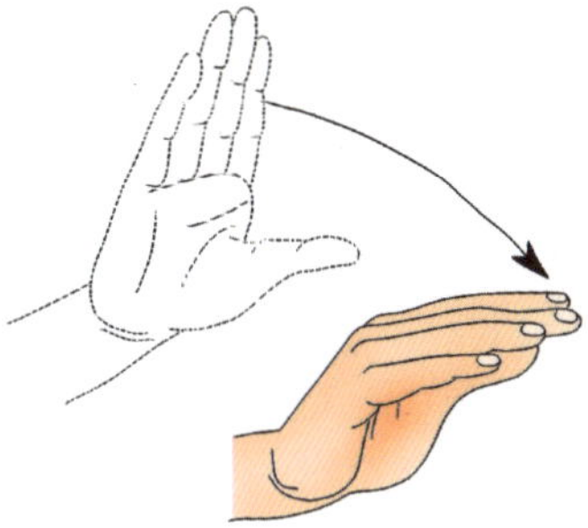

国学课堂

朝闻道，夕死可矣。

如果早上明白了人生的意义，那么，就算晚上会死去，也是值得的。

第109~110天 名曲欣赏：《糖果仙女舞曲》

今天我们来欣赏一段充满动感的旋律。在奇妙的糖果王国，美丽的糖果仙子正跳起舞蹈欢迎孕妈妈和胎宝宝的到来，和她们一起快乐地舞蹈吧。

什么时候听

在感觉到胎宝宝在肚子里动时放这首音乐来听，欢快的感觉会感染到孕妈妈和胎宝宝。

怎么听

休息时，当你能感觉到宝宝在肚子中活动，就可以放这首音乐来听，欢快的感觉会感染到你和宝宝的情绪。你可以想象自己是糖果仙子，在快乐的糖果王国中，与王子和小姑娘一起舞蹈、欢笑。

关于这首曲子

《糖果仙女舞曲》是柴可夫斯基的作品，他用刚刚发明的钢片琴来演奏，音调既甜蜜腻人，又清脆透明，这就是糖果仙女的写照，使人很自然地联想到糖果王国中像小玻璃碎片那样晶莹夺目、五彩缤纷的糖果的颜色。

国学课堂

不愤不启，不悱不发，举一隅不以三隅反，则不复也。

不到学生努力想弄明白但仍然想不透的程度时先不要去开导他；不到学生心里明白却又不能完善表达出来的程度时也不要去启发他。如果他不能举一反三，就先不要往下进行了。

第111~112天 名画欣赏：《诱惑》

这幅画的作者叫布格罗，是法国19世纪最受欢迎的画家之一。画中美丽的妈妈随性地伏在地上，拿着一只苹果，苹果又红又圆，可爱的小女孩望着妈妈，禁不住流露出了渴望的神情。整幅画充满浓浓的田园情调和美好、纯洁的视觉享受。

国学课堂

仰之弥高，钻之弥坚。

原形容颜渊对于孔子之道的赞叹，后指努力攻读，深入研究，力求达到极高水平。

孕妈妈和胎宝宝

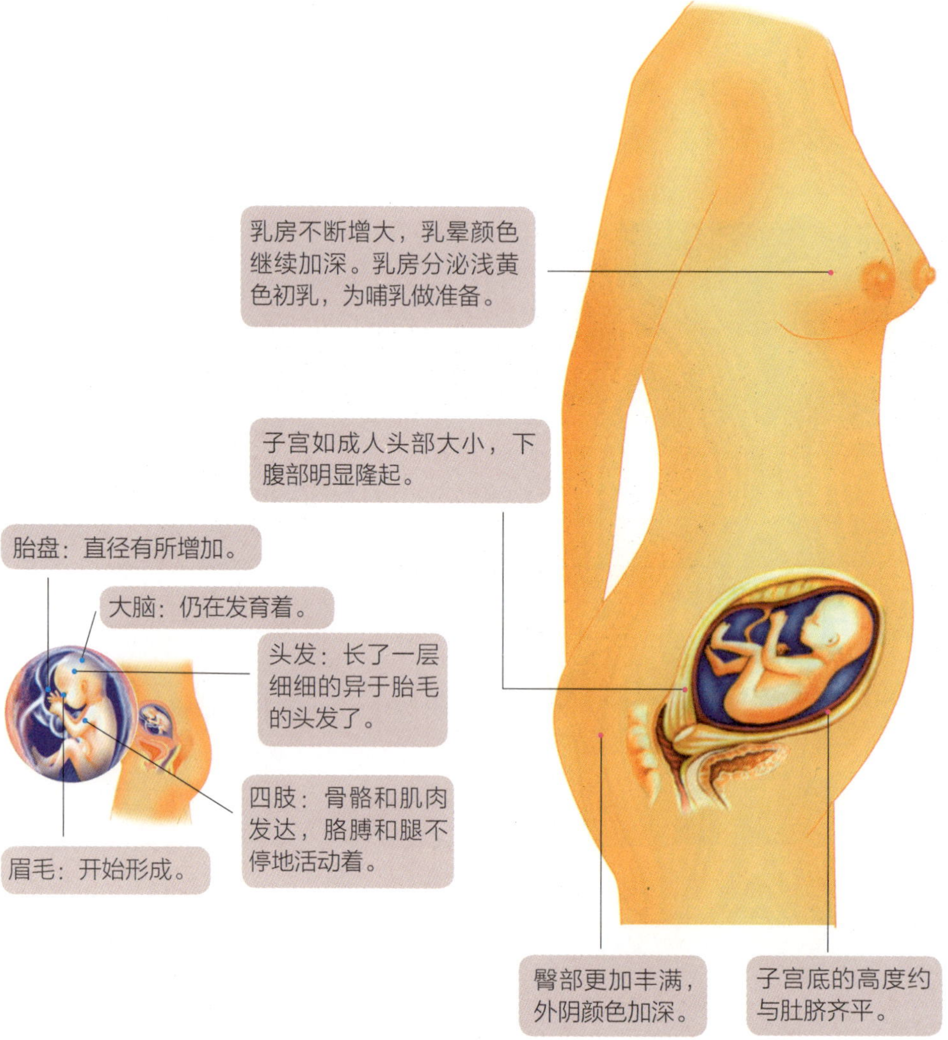

乳房不断增大，乳晕颜色继续加深。乳房分泌浅黄色初乳，为哺乳做准备。
子宫如成人头部大小，下腹部明显隆起。
胎盘：直径有所增加。
大脑：仍在发育着。
头发：长了一层细细的异于胎毛的头发了。
四肢：骨骼和肌肉发达，胳膊和腿不停地活动着。
眉毛：开始形成。
臀部更加丰满，外阴颜色加深。
子宫底的高度约与肚脐齐平。

孕5月末期，胎宝宝的身长约25厘米，体重约250克，约为1个大鸭梨的重量。

孕5月

不停活动着的小小舞者

第113天 注意多补钙

孕妈妈健康生活馆

如果爱美的孕妈妈注意到自己的脸上突然长了难看的黑斑或黄褐斑，不要过于惊讶，这是因为怀孕会使得新陈代谢加快，雌激素在发生作用，妊娠斑一般会在产后半年内消失。

孕期如果需要治疗牙齿，现在进行是比较安全的。如果是一般的牙龈出血、龋齿等情况，就要做好日常的口腔清洁工作，同时注意补充含有镁、磷、维生素D等营养素的食物。

完美准爸爸进修课堂

准爸爸需要随时留心孕妈妈的情绪。孕妈妈因为身体变化或孕期不适会有一定的情绪波动，准爸爸要及时让孕妈妈的情绪得到调节，转移她的注意力。

随着怀孕月份的增加，孕妈妈的行动越来越不便了，同时身体感觉酸痛，心情也不好。准爸爸要是能为孕妈妈每天做点按摩，会让孕妈妈的身体和心情都得到一定程度的放松。

孕5月饮食宜忌

✔

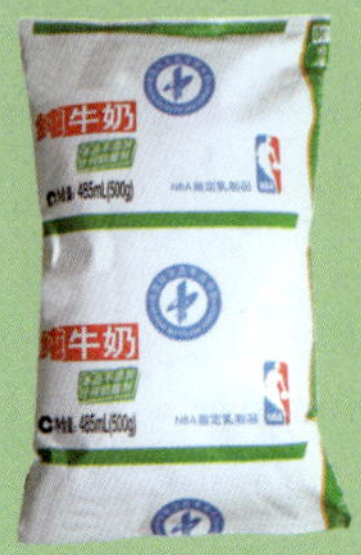

到了这个月，胎宝宝的牙齿开始钙化，恒牙牙胚开始产生，骨骼也正在发育，这都需要大量的钙。因此，孕妈妈除了保证蛋白质、维生素、碳水化合物、矿物质的基本供给外，还需要特别注意补充含钙质的食物。

妊娠期间每天需要1200毫克的钙质，每日可以饮用200～300毫升牛奶，即普通一袋袋装牛奶，就能满足这个要求。

✘

孕妈妈不要长期大量服用钙剂，血中钙浓度过高，会导致软弱无力、呕吐和心率失调等，不利于胎儿的生长。因此，孕妈妈一定要在医生的指导下服用钙剂。

孕妈妈在馋的时候，不要尽想着甜点，可以将黄瓜或萝卜切成条状，当成零食吃，帮助补充一天的蔬菜量。

国学课堂

学而不厌，诲人不倦。

做人要不断学习，不感到厌烦；教育学生要有耐心，不感到疲倦。

第114~115天 一家三口的互动游戏

孕妈妈和准爸爸轻轻拍打或抚摸孕妈妈的腹部，是对胎宝宝的一种爱抚，可以促进胎宝宝的感觉系统发育。准爸爸还可以把耳朵贴在孕妈妈的肚皮上，听一听胎宝宝的声音。这种亲密的互动，可以促进准爸爸、孕妈妈及胎宝宝的情感交流。

在做抚摸胎教前，孕妈妈要先排空小便，平卧在床上，膝关节向腹部弯曲，双脚平放在床上，全身放松，此时的腹部较柔软，很适合抚摸。

刚开始做抚摸胎教时，胎宝宝的反应较小，准爸爸或孕妈妈可以先用手在腹部轻轻抚摸，抚摸时顺着一个方向直线运动，不要绕圈，然后再用手指在胎宝宝的身体上轻压一下，给他适当的刺激。

胎宝宝习惯后，反应会越来越明显，每次抚摸都会主动配合。每次抚摸开始时，可以跟着胎宝宝的节奏，胎宝宝踢到哪里，就按到哪里。重复几次后，换一个胎宝宝没有踢到的地方按压，引导胎宝宝去踢，慢慢地，胎宝宝就会跟上准爸妈的节奏，按到哪踢到哪。也可以轻推胎宝宝的背部，帮他翻身。

长时间进行抚摸胎教后，准父母就可以用触摸方式分辨出胎宝宝圆而硬的头部、平坦的背部、圆而软的臀部以及不规则且经常移动的四肢。

进行抚摸胎教该注意些什么

1.抚摸时间不宜过长，每天2~3次，每次约5分钟。

2.动作要轻柔，轻轻触摸、拍击即可，不可过于用力。

3.不要用手在肚子上绕圈，以免宝宝跟着转圈，导致脐带绕颈。

4.刚开始做抚摸胎教时，胎宝宝如反应很大，说明还不习惯，孕妈妈要马上停止，下次再给予适当刺激，让宝宝慢慢适应。

哪些情况下不宜进行抚摸胎教

胎动频繁时

胎动频繁时，最好不要做抚摸，否则容易造成脐带绕颈。

出现不规则宫缩时

孕后期，子宫会出现不规律的宫缩，宫缩的时候，肚子会发硬。孕妈妈如果摸到肚皮发硬，就不能做抚摸胎教了，需要等到肚皮变软了再做。

习惯性流产、早产、产前出血及早期宫缩

孕妈妈如果有习惯性流产、早产、产前出血及早期宫缩的现象，则不宜进行抚摸胎教。

国学课堂

工欲善其事，必先利其器。

工匠要想把他的工作做好，一定要先让工具锋利。比喻要做好一件事，准备工作非常重要。

第116~117天 胎教故事：《睡着的狗与狼》、《狐狸和樵夫》

睡着的狗与狼

有条狗睡在羊圈前面。狼窥见后，冲上去袭击它，想把它吃掉。狗请求狼暂时不要吃它，说道："我现在还骨瘦如柴，你再等几天，我的主人要举行婚礼，那时我将吃得饱饱的，一定会变得肥肥胖胖的，那时你再来吃不是更香些吗？"狼听信了狗的话，便放了它。过了几天狼再来时，发现狗已睡到了屋顶上，他便站在下面喊狗，提醒它记住以前的诺言。狗却说："喂，狼呀，你若以后看见我睡在那羊圈前面，用不着再等婚礼了。"

解读：这故事说明，聪明的人一旦脱离险境后，他终生都会防范这种危险。

狐狸和樵夫

狐狸为躲避猎人们的追赶而逃窜，恰巧遇见了一个樵夫，便请求让它躲藏起来，樵夫叫狐狸去他的小屋里躲着。一会儿，许多猎人赶来，向樵夫打听狐狸的下落，他嘴里一边大声说不知道，又一边做手势，告诉他们狐狸躲藏的地方。猎人们相信了他的话，并没留意他的手势。狐狸见猎人们都走远了，便从小屋出来，什么都没说就要走。樵夫责备狐狸，说自己救了他一命，他却一点谢意都不表示。狐狸回答说："如果你的手势与你的语言是一致的，我就该好好地感谢你了。"

解读：这故事说明了人们要注意远离那些嘴里说要做好事，而行为上却作恶的人。

国学课堂

往者不可谏，来者犹可追。

以往的事情不可挽回，未来的事却还来得及。

第118~119天 营养胎教：吃点含钙高的食物吧

宝宝的骨骼正在生长，很需要补充钙质。今天，准爸爸就下厨为孕妈妈和胎宝宝做点补钙的食物吧。

香菇虾仁豆腐羹

材料 香菇丁60克，虾仁100克，豆腐块250克。

调料 葱花、姜丝、盐、水淀粉、香菜末各适量。

做法

1 虾仁洗净，加盐拌匀，放入油锅中略煸，盛出。

2 另起油锅，爆香葱花、姜丝，加香菇丁略煸，盛出。

3 锅内加适量水烧开，分别放入豆腐块和香菇丁烧滚，再加虾仁烧开，用水淀粉勾芡，放盐调味，最后撒上香菜末即可。

牛奶麦片饮

材料 燕麦片20克，牛奶100克，鸡蛋1个。

做法

1 在锅中加入水和燕麦片，大火煮开。

2 转用中火，并在锅里打入1个鸡蛋搅碎，待蛋花熟后关火、盛起。

3 在鸡蛋燕麦粥中冲入牛奶（冷热匀可）搅匀即可。

国学课堂

三军可夺帅也，匹夫不可夺志也。

军队可以被夺去主帅，男子汉却不可被夺去志气。

第120天 适合在家看的温情电影

电影	心动指数	不得不看的理由	电影	心动指数	不得不看的理由
泰坦尼克号	♥♥♥♥♥	深海永恒，爱情经典	黑暗中的舞者	♥♥♥♥♥	唯美感性、充满力量
肖申克的救赎	♥♥♥♥♡	启迪人心，挖掘人性	永不妥协	♥♥♥♥♥	真诚、励志
通天塔	♥♥♥♥♡	语言的不同，温情永恒	跳出我天地	♥♥♥♥♥	美妙的追求梦想之路
香草的天空	♥♥♥♥♡	汤姆克努斯的经典之作	侧耳倾听	♥♥♥♥♥	关于初恋和成长的故事
浓情巧克力	♥♥♥♥♥	散发着浓浓法国爱情巧克力味	剪刀手爱德华	♥♥♥♥♥	纯净爱情
断背山	♥♥♥♥♡	另类的爱情，触目而深刻，隽永深邃	傲慢与偏见	♥♥♥♥♥	纯净、朦胧、浪漫
罗密欧与朱丽叶	♥♥♥♥♥	经典的爱情故事	云中漫步	♥♥♥♥♥	美丽的葡萄园、田园风格
千与千寻	♥♥♥♥♥	梦幻般的奇妙旅程	触不到的恋人	♥♥♥♥♥	科幻色彩的爱情故事
假如爱有天意	♥♥♥♥♥	画面唯美，清新感人	天使爱美丽	♥♥♥♥♥	现代灰姑娘的童话
美丽心灵	♥♥♥♥♡	一个天才的真实故事	诺丁山	♥♥♥♥♥	影片很欢快，对白很智慧
追风筝的人	♥♥♥♥♥	找回善良纯真的自我	真爱至上	♥♥♥♥♥	爱是你我
天堂电影院	♥♥♥♥♥	寻找三部曲	当幸福来敲门	♥♥♥♥♥	追求快乐的励志故事
导盲犬小Q	♥♥♥♥♥	人与狗的亲情	西雅图未眠夜	♥♥♥♥♥	电子时代的一“听”钟情

国学课堂

其身正，不令而行；其身不正，虽令不从。

统治者本身言行正当，即使不下命令，百姓也会跟着行动；统治者本身言行不正当，即使三令五申，百姓也不会听从。

第121~124天 手工课：折百合花

孕妈妈来折百合花吧，可以用不同颜色的纸来折，并在上面写下对宝宝的祝福。

（1）将正方形的纸对角折。

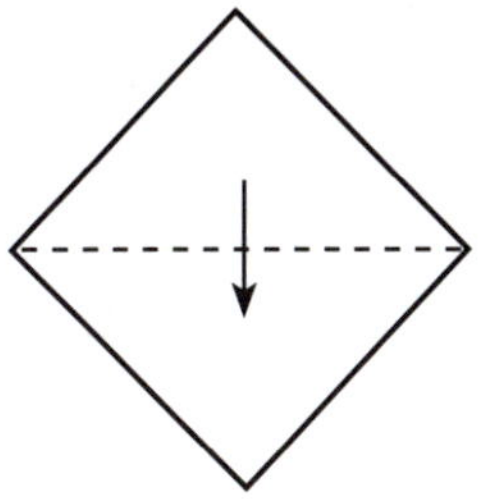

（2）再对角折。

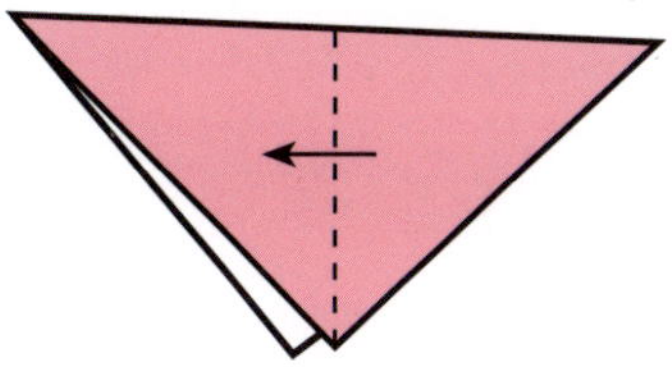

（3）拉开上层袋子。

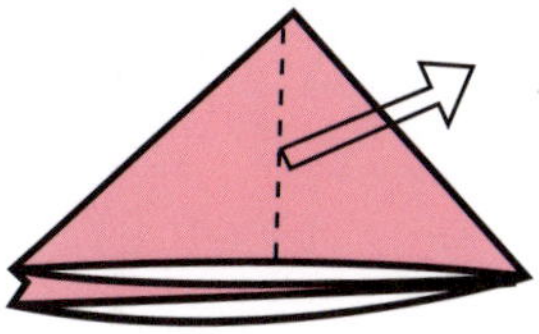

（4）背面折法相同。

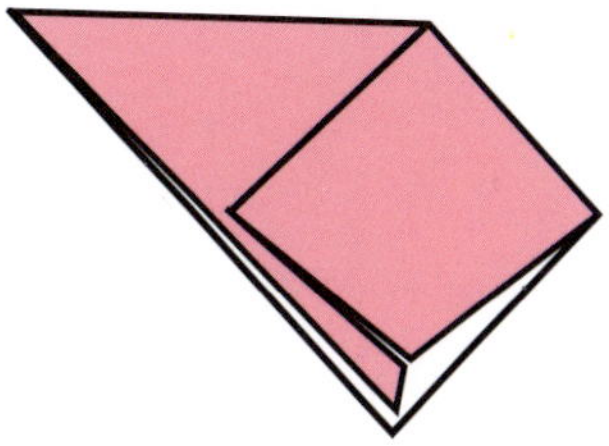

（5）集中一角折，背面相同。

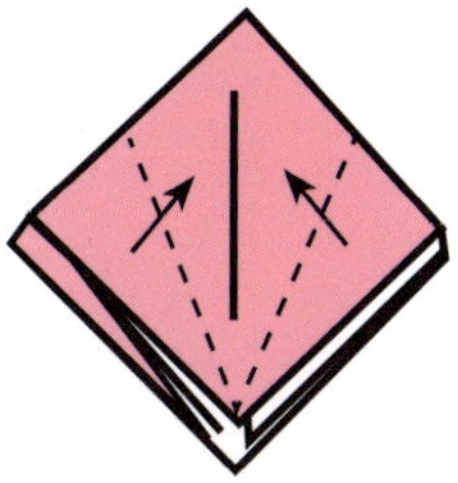

（6）打开，背面相同。

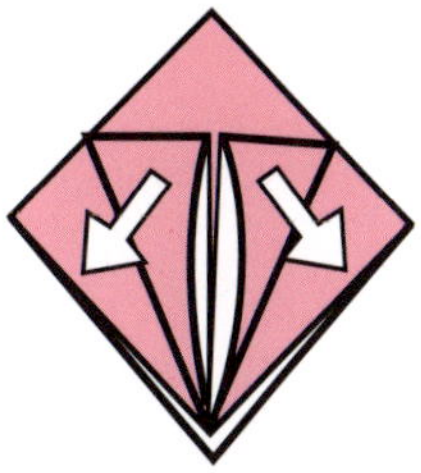

国学课堂

独学而无友，则孤陋而寡闻。

如果学习中缺乏学友之间的交流切磋，就必然会导致知识面狭隘，见识短浅。

（7）按照折痕打开袋子向上拉，左、右两边向中心线折。

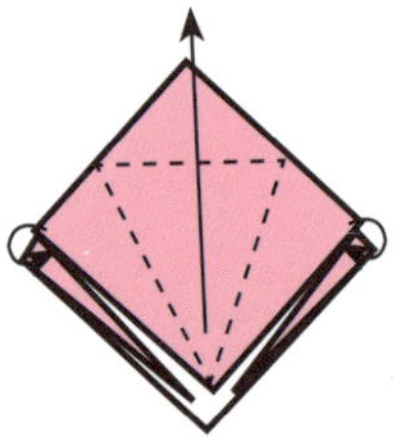

（8）背面折法相同。

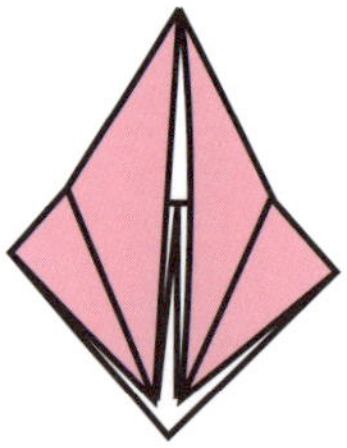

（9）完成双菱形。

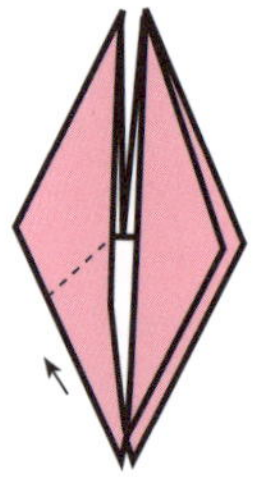

（10）将双菱形下面的两角向上折。

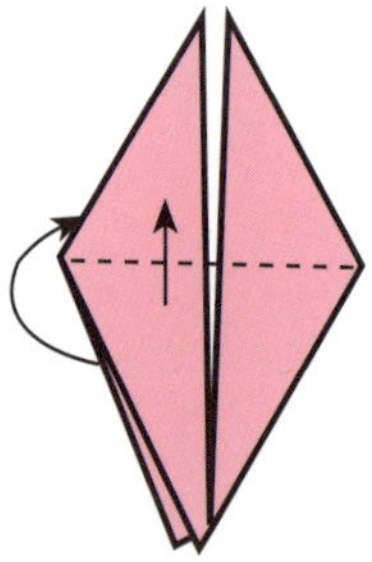

（11）两侧沿着虚线向中心折。

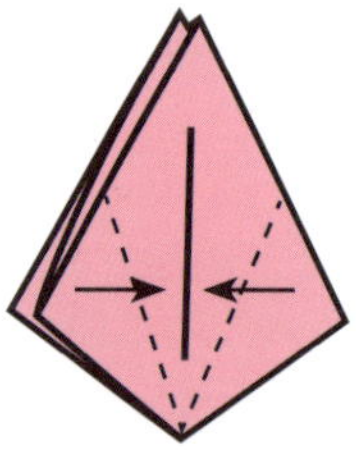

（12）再向中心线折。

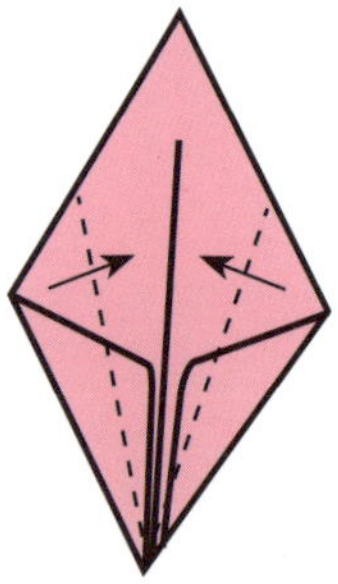

（13）向下折，其他三片也一样。

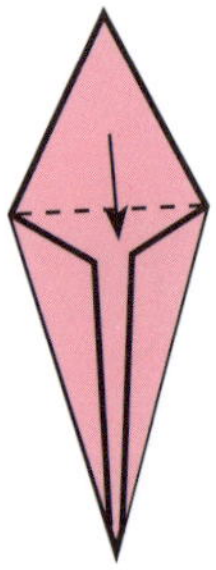

（14）把花瓣尖端用笔卷一卷。

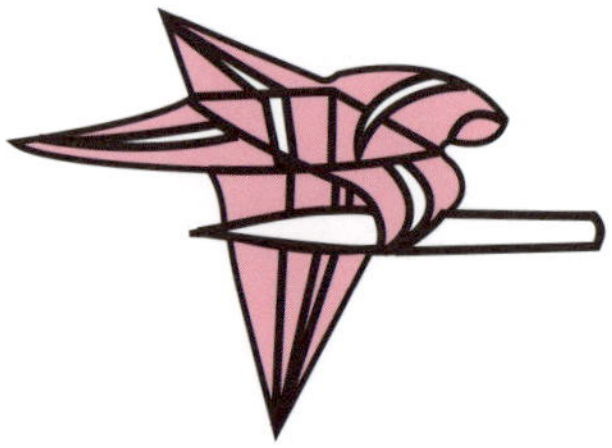

（15）完成。

国学课堂

尽信《书》，则不如无《书》。

完全相信《尚书》，则还不如没有《尚书》。因此，对于书本上的东西不能盲目迷信，而应该结合变化了的形势，带着批判的思想去读书。

第125~126天 手工课：折千纸鹤

（1）将纸折成双菱形（折法见第97~98页），再压折出颈部。

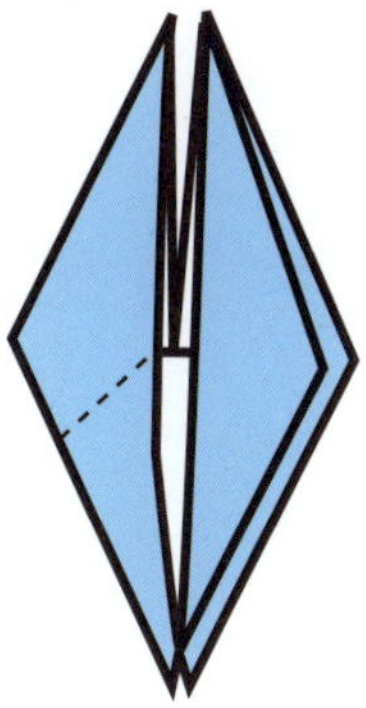

（2）压折头部和尾部。

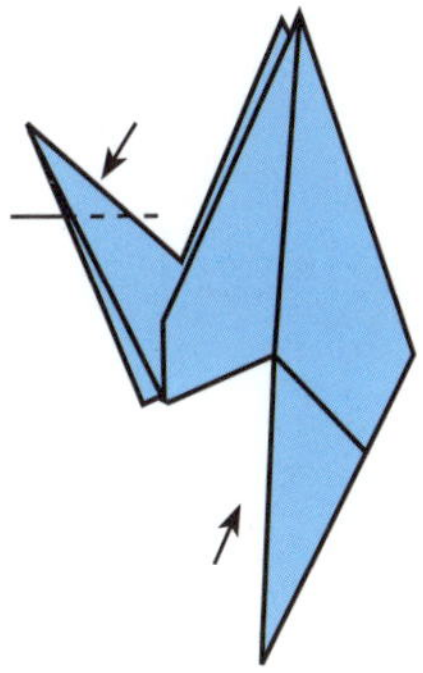

（3）两角向下折成翅膀。

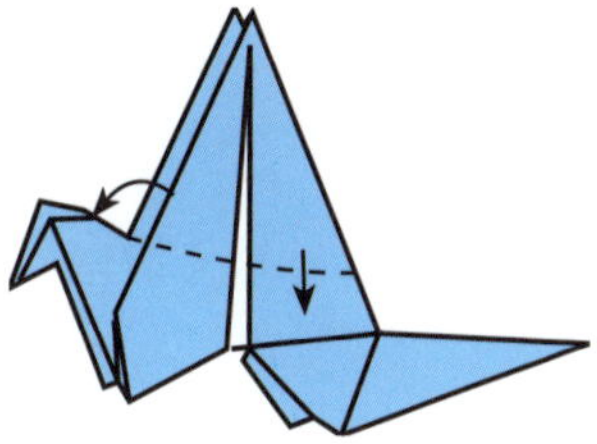

（4）翅膀向上拉平。

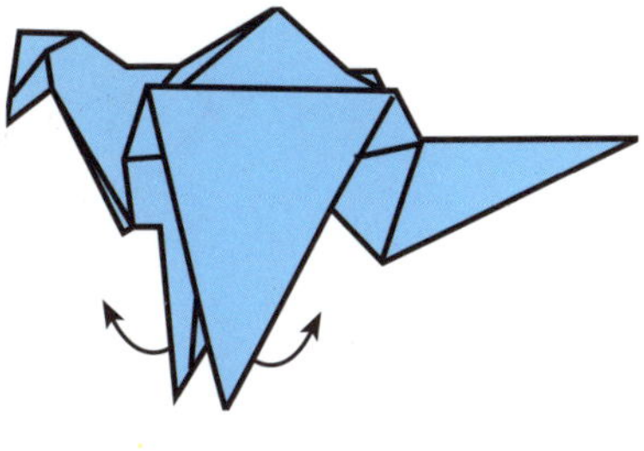

（5）向后拉动尾部，千纸鹤的翅膀就动起来了。

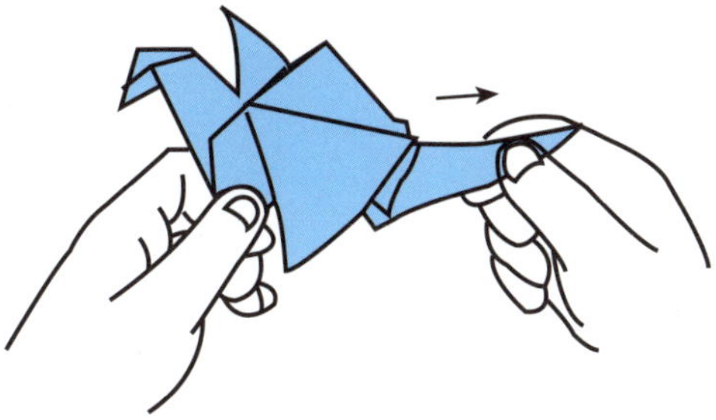

国学课堂

路漫漫其修远兮，吾将上下而求索。

在追寻真理、真知方面，前方的道路还很漫长，但我将百折不挠，不遗余力地去追求和探索。

第127天 诗歌欣赏：《吉檀迦利》节选

《吉檀迦利》是亚洲伟大的诗人泰戈尔创作的一首“生命之歌”。孕妈妈来饱含深情地朗读这首诗吧，试着体会自然清新、带着泥土芳香的气息，并跟胎宝宝一起分享这种美好的感受吧。

当我送你彩色玩具的时候，我的孩子，
我了解为什么云中水上会幻弄出这许多颜色，
为什么花朵都用颜色染起——当我送你彩色玩具的时候，我的孩子。
当我唱歌使你跳舞的时候，
我彻底地知道为什么树叶上响出音乐，
为什么波浪把它们的合唱送进静听的大地的心头——当我唱歌使你跳舞的时候。
当我把糖果递到你贪婪的手中的时候，
我懂得为什么花心里有蜜，
为什么水果里隐藏着甜汁——当我把糖果递到你贪婪的手中的时候。
当我吻你的脸使你微笑的时候，
我的宝贝，我的确了解晨光从天空流下时，是怎样的高兴，
暑天的凉风吹到我身上是怎样的愉快——当我吻你的脸使你微笑的时候。

国学课堂

举世皆浊我独清，众人皆醉我独醒。

世界上的人都是污浊的，唯独我干净、清白；众人都已醉倒，唯独我一人清醒。

第128~129天 运动胎教：游泳

妊娠的第5个月，宝宝的状况已经比较稳定了，此时孕妈妈可以进行适度的运动。游泳是比较好的运动方式，坚持游泳不但能控制体重，还能提高妈妈的抵抗力，改善妊娠中的不适，加强骨盆和腰部的肌肉，使宝宝在分娩时容易娩出。

游泳的注意事项

（1）怀孕4个半月后，在得到医生允许的情况下才可以游泳。而在生产前1个月，即怀孕9个月时应该停止游泳，因为孕妈妈无法掌握阵痛发生的时间。

（2）游泳的最佳时段是上午10点到下午2点。这段时间子宫偶尔才会收缩1次。孕妈妈最好每周游泳2～3次。孕妈妈在水中如有腹部紧绷或身体疲惫的感觉，要立刻进行充分的休息。

（3）最好选择水温、室温适宜以及有人指导的游泳馆。

（4）孕妈妈不宜长时间游泳，以1小时为限。

游泳前的准备活动

孕妈妈在下水前，要用温暖的水淋浴，先让身体放松下来，还可以做些基础的体操运动。

孕妈妈下水后先不要急着游泳，可以先重复向两侧做分腿和弯曲的动作，同时还可以"呼、哈、呼、哈"地做一些帮助分娩的呼吸法的练习。

孕妈妈可以用自由行走或轻轻跳跃的方法使自己的脉搏渐渐加快。

游泳后的伸展运动

在结束游泳后，可以伸展胳膊、肩膀和肌腱。从水中出来后，可以做一套简单的体操作为结束时的放松动作。

国学课堂

吾不能变心以从俗兮，故将愁苦而终穷。

我不能够改变自己的心意而跟随世俗，所以我将会忧愁困苦并且终生贫穷。

第130~131天　儿歌：《泥娃娃》

最容易引起胎宝宝好感的声音就是孕妈妈的声音了。今天，孕妈妈来给胎宝宝唱首耳熟能详的儿歌吧！孕妈妈用温柔的声音哼唱儿歌，胎宝宝就可以将孕妈妈的声音和节奏感联系在一起，加以记忆，同时进一步加深孕妈妈和胎宝宝的感情。

泥娃娃，
泥娃娃，
一个泥娃娃，
也有那眉毛，
也有那眼睛，
眼睛不会眨。

泥娃娃，
泥娃娃，
一个泥娃娃，
也有那鼻子，
也有那嘴巴，
嘴巴不说话。

她是个假娃娃，
不是个真娃娃，
她没有亲爱的妈妈，
也没有爸爸。

泥娃娃，
泥娃娃，
一个泥娃娃，
我做她妈妈，
我做她爸爸，
永远爱着她。

国学课堂

尽信书，不如无书。

读书时应该加以分析，不能盲目地迷信书本，应当辩证地去看问题。

第132~133天 剪纸欣赏：十二生肖（二）

剪纸是中国流行的民间艺术之一，是传统手工艺，是一种镂空的艺术，能够带给孕妈妈创造的感觉和艺术的享受。

今天，孕妈妈来欣赏几幅剪纸吧。能猜得出来它们是哪种生肖吗？

兔：谨慎、机智、技巧、长寿

龙：刚毅、热情、向上、多情

蛇：柔韧、机敏、谨慎、睿智

国学课堂

人有不为也，而后可以有为。

人的精力是有限的，只有放弃一些事情不做，才能在别的一些事情上做出成绩。

第134天 光照胎教：胎宝宝来晒太阳吧

勤晒太阳对孕妈妈来讲是既重要又经济的补钙良方。天气好的话，孕妈妈就可以在阳光温暖、光线又不太强烈的地方晒晒肚皮，这样能起到让宝宝见见光线的作用，还能补充一定的维生素D，促进钙质吸收，帮助胎宝宝的骨骼发育。

晒太阳要注意的事

1 注意避免高温炎热的天气

在高温下，孕妈妈会感觉不适。而且，为降低体温，孕妈妈的血管会自动收缩，从而通过血管向胎儿输送的养分也随之减少。在怀孕后期，高温还会导致孕妇早产，增加流产概率。所以要避免在夏季中午最热的时候到户外晒太阳。

2 每天的日晒时间

晒太阳要足量，冬季每天不少于1小时，夏季每天不少于半小时。特别是对于那些久坐办公室或在地下室等场所工作的女性而言，晒太阳更为重要。

3 掌握每天最佳日晒时间

上午9~10点，下午4~5点，这是专家们总结的每日最佳日晒时间。

4 防晒装备

孕妇对日光中能使人晒黑的UVA更为敏感，遭遇阳光后，与其他人相比会产生更多的色素沉淀，面部雀斑也会加重，甚至有些色素痣还可能变成黑色素瘤。所以，在多吃含维生素C比较多的果蔬的同时，孕妈妈最好使用物理性的防晒霜，因为它很天然且不含铅，对胎宝宝没有影响，化学防晒霜或美白霜最好不要用，因为有的里面含有铅、铬等元素。

国学课堂

穷则独善其身，达则兼济天下。

人在困难的时候要把自己管好，有了地位后要帮助天下有困难的人。

第135~136天 胎宝宝认识一下小动物吧

孕妈妈可为胎宝宝准备一些常见动物的卡片，有绘画天分的妈妈最好能自己画上去，然后随便抽出一张，说出卡片上动物的名称和特征。这样能帮助胎宝宝辨认出可爱的小动物，增加胎宝宝的学习乐趣。

青蛙

蜗牛

七星瓢虫

大象

国学课堂

孔子登东山而小鲁，登泰山而小天下。

孔子登上鲁国的东山，整个鲁国尽收眼底；孔子登上泰山，天地一览无余。人的眼界、视点要不断寻求突破，超越自我。

第137~138天 冥想让心绪安宁

胎宝宝的五官正在加速发育着，开始具有五种感知能力，此时要给予胎宝宝良性的刺激。而孕妈妈在怀孕时，可能会有各种各样的烦心事，那么就用瑜伽来调整一下杂乱的心绪，给宝宝营造一个良好的内部环境吧。

冥想的两个姿势

冥想是指集中精神进行自我呼吸，抛除心中杂念，意念集中在呼气和吸气上，渐渐地，呼吸就能变得平缓，心情也能安定下来。

姿势一

盘腿而坐，下巴微收，拇指和食指连成圆环，掌心向上，双手自然地放于双膝处，闭目冥想。

姿势二

早上起床前或晚上睡前以“大”字的姿势躺在床上，放松全身进行冥想。

孕妈妈做瑜伽必须知道的一些事项

（1）服装：孕妈妈最好穿自己感觉舒适的纯棉且宽松的衣物，最好赤脚进行练习，还要取下身上所有的装饰品。

（2）练习瑜伽需注意的要点：

所有的动作要根据身体状况慢慢进行，如感到吃力可以减小动作的幅度，并用增加次数来弥补。

摆好姿势后，要深深地、均匀地呼吸。

不要用力压迫腹部。

用餐3～4小时后再开始练习。

练习瑜伽的最佳时期是孕4月至孕8月，孕妈妈一定不要错过哦。

国学课堂

青，取之于蓝，而青于蓝。

青色是用蓝色调成的，但比起蓝色来却更悦目。

第139~140天 名画欣赏：《音乐课》

英国画家莱顿的这幅作品，描绘了音乐课上的场景。小女孩依在温柔的女教师胸前，弹拨着六弦琴，表情非常认真专注，显得天真烂漫，可爱无邪。孕妈妈看了这幅画后，是不是想象自己腹中的宝宝也是这样聪明、专注呢？

国学课堂

静如处子，动如脱兔。

军队未行动时就像未出嫁的女子那样沉静，一行动就像逃脱的兔子那样敏捷。

孕妈妈和胎宝宝

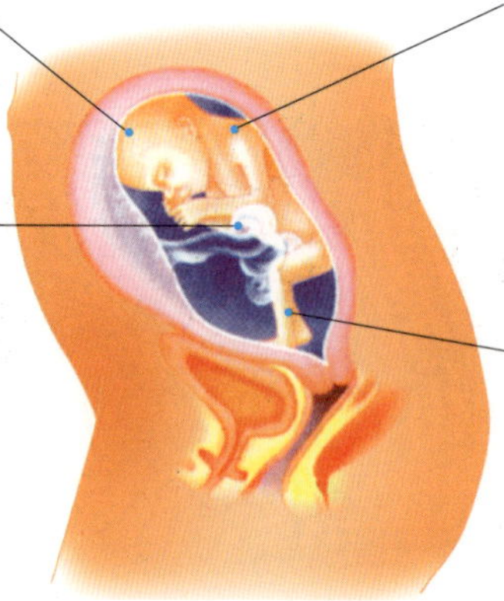

大脑：快速发育，皮层有褶皱并出现沟回，以给神经细胞留出生长空间。
皮肤：有褶皱出现。
脐带：胎宝宝好动，有时脐带会缠绕在身体周围，但并不影响胎宝宝的活动。
手脚：在神经控制下，能把手连同手臂举起来。能将腿蜷曲起来以节省空间。

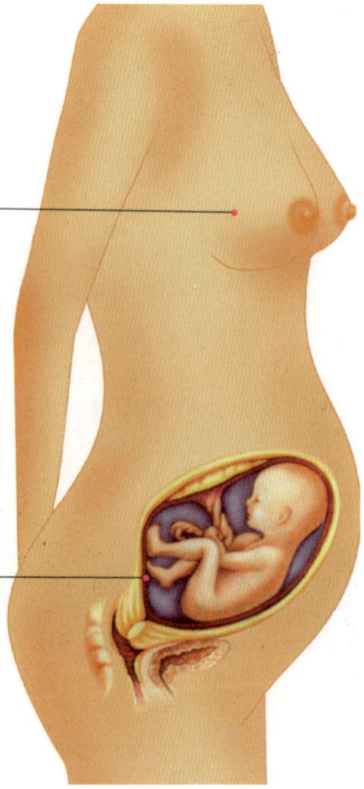

乳房饱满，挤压时会流出稀薄的汁液。
子宫底的高度约在耻骨联合上方18～20厘米处，小腹较明显隆起，一看就是孕妇模样了。
孕妈妈偶尔会感觉小腹疼痛，是子宫韧带被拉长的缘故。

孕6月末期，胎宝宝的身长约30厘米，体重约600～750克，相当于4个苹果的重量。

孕6月

跟爸爸玩踢肚游戏

第141天 注意保护好胎宝宝

孕妈妈健康生活馆

到了这个月，腹部凸起比较明显了，孕妈妈要特别注意自己的动作。特别是要避免对腰腹施加压力的大动作，避免身体的震动，需要练习并长期保持孕期正确的取物、捡拾动作。

此时，孕妈妈最好选择左侧卧位，来供给胎宝宝较多的血液，这样胎宝宝在孕妈妈的肚子里就会更舒服，同时也能让孕妈妈睡得更好。

完美准爸爸进修课堂

准爸爸和孕妈妈一起给宝宝取个名字吧。在跟胎宝宝对话时，准爸爸可以先呼唤胎宝宝的名字。当宝宝出生后，再去呼唤，婴儿回忆起这熟悉的声音，会产生特殊的安全感。

跟孕妈妈一起参加产前训练班。当准爸爸了解整个分娩的全过程后，就会有思想准备并知道自己应该做些什么，来帮助孕妈妈减轻分娩痛苦，让产程更顺利。

孕6月饮食宜忌

胎宝宝和孕妈妈都需要铁质来满足造血功能，预防妊娠期贫血。因此，孕妈妈应多吃富含铁质的食物，如木耳、瘦肉、蛋黄、绿叶蔬菜等。

在孕期，孕妈妈容易出现便秘，因此，应多吃富含膳食纤维的糙米和新鲜果蔬，每顿饭应至少有2种以上的蔬菜。

在摄入富含铁质的食物时，不要同时喝牛奶，因为牛奶中的钙质会使铁质凝固。

孕期水肿是比较常见的现象。在整个孕期都不要吃过咸的食物，特别是咸菜等腌制食物，以免加重水肿。

国学课堂

仓廪实而知礼节，衣食足而知荣辱。

百姓的粮仓充足才能知道礼仪，丰衣足食才会知晓荣誉和耻辱。

第142~143天 写下每天发生的事情吧

孕妈妈写日记可以记录下很多值得纪念的时刻，还可以让自己的心情变得平静下来，这是一种非常不错的胎教方法。

挑个自己喜欢的日记本

出门去买一个自己喜欢的日记本吧，挑选那些带有漂亮封面并且纸质优良的本子，放在家中最显眼的地方，提醒你随时记录。从现在起，这个本子就是你孕期最亲密的朋友了，你可以跟它分享一切秘密。

日记记录的内容

（1）胎宝宝的体重和大小。

（2）自己的身体状况。

（3）孕妈妈可以非常坦率地在日记中记录下自己的真实想法，当然也包括那些孕期无法避免的担忧，或者夫妻之间关系的疏远。这些都是孕妈妈在怀孕期很容易遇到的问题，对此，孕妈妈可以一边写日记一边思考，然后让自己的想法逐渐向积极的方向转变。

（4）在一些特殊的日子，如得知怀孕消息的日子、第一次感觉到胎动的日子、在B超上看到宝宝模样的日子、听到孩子心脏跳动的日子，孕妈妈可以把自己的喜悦和体会一一记录下来。

（5）孕妈妈还可以把胎教过程中读到的令自己有所感触的诗句或听到的美妙音乐记录下来，写成一篇鉴赏性的美文。

给宝宝读日记

孕妈妈写完一篇日记后，可以用给宝宝讲故事的方法朗读出来，宝宝对妈妈充满爱意的声音一定会非常喜爱。

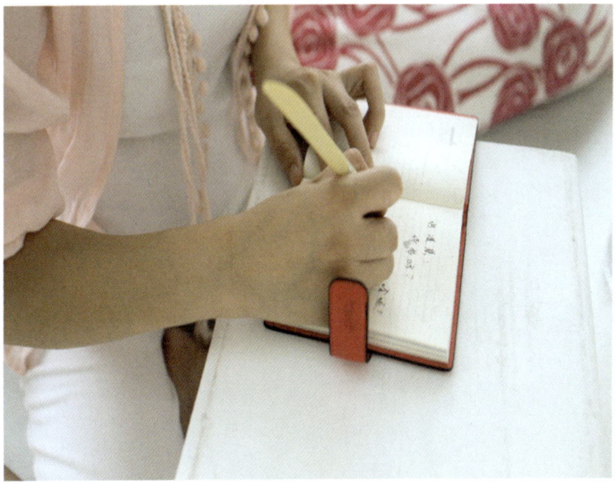

孕妈妈每天坚持写下当天的见闻，并讲给宝宝听吧！

国学课堂

橘生淮南则为橘，生于淮北则为枳。

淮南的橘树，移植到淮河以北就变为枳树。比喻环境变了，事物的性质也变了。

第144~145天 学唱中英文对照歌曲：《雪绒花》

本周开始，胎宝宝可以接受英语胎教了。只要你有意愿，随时可以开始。让胎宝宝早早熟悉一下英语环境，对胎宝宝将来的学习也很有帮助呢。

Edelweiss, edelweiss,
雪绒花，雪绒花，
Every morning you greet me.
每天清晨迎接我。
Small and white,
小而白，
Clean and bright,
纯又美，
You look happy to meet me.
总很高兴遇见我。
Blossom of snow may you bloom and grow,
雪似的花朵深情开放，
Bloom and grow forever.
愿永远鲜艳芬芳。
Edelweiss, edelweiss,
雪绒花，雪绒花，
Bless my homeland forever.
为我祖国祝福吧。

Edelweiss, edelweiss,
雪绒花，雪绒花，
Every morning you greet me.
每天清晨迎接我。
Small and white,
小而白，
Clean and bright,
纯又美，
You look happy to meet me.
总很高兴遇见我。
Blossom of snow may you bloom and grow,
雪似的花朵深情开放，
Bloom and grow forever.
愿永远鲜艳芬芳。
Edelweiss, edelweiss,
雪绒花，雪绒花，
Bless my homeland forever.
为我祖国祝福吧。

国学课堂

道不拾遗，夜不闭户。

东西丢在路上没有人拾走，夜里睡觉都不需要关门防盗。形容社会风气好。

第146~147天 知识胎教：认识“父”、“母”这两个字吧

胎宝宝在渐渐地长大，最终将会离开母体，与自己的父母见面，成为家庭中的一员。那么，现在就让他来了解一下“父”和“母”的含义吧。

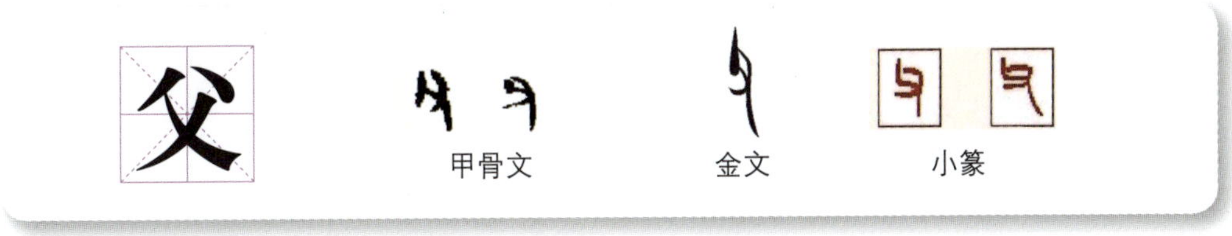

甲骨文的“父”字之形似右手持棒之形，意思是手里举着棍棒，督导子女守规矩的人。金文跟甲骨文差不多，而小篆则更加整齐化，隶变后成为现在楷书中的“父”字。

甲骨文的“母”字象征着一个女人双手交叉跪在地上，两点表示乳房，字形似能乳子的女人形。到金文后稍微繁写，小篆则更加整齐化，隶变后成为现在楷书中的“母”字。

国学课堂

使老有所终，壮有所用，幼有所长，鳏寡孤独废疾者皆有所养。

让年老的人有适当的归宿，年轻的人有一定的用处，年幼的人有应得的成长条件，鳏寡孤独和残疾人都有受到赡养的权利。

第148天 营养胎教：多吃点有益于牙齿的菜

孕妈妈肚子中的胎宝宝现在开始长恒牙了。准爸爸今天就下厨做些对孕妈妈和胎宝宝的牙齿有益的美味菜肴吧！

鲫鱼丝瓜汤

材料 鲫鱼1条，丝瓜200克。

调料 姜片、盐各适量。

做法

1 将鲫鱼收拾干净，冲洗净，切小块。

2 丝瓜去皮，洗净，切成段，与鲫鱼一起放入锅中。

3 最后放入姜片，先用大火煮沸，再改用小火慢炖至鱼熟，加适量盐调味即可。

小米鸡蛋牛奶粥

材料 小米100克，鸡蛋2个，牛奶200毫升。

调料 红糖适量。

做法

1 小米淘洗干净。

2 锅置火上，放入适量清水、小米，先用大火煮沸，再转用小火熬煮至粥浓稠，打入鸡蛋，然后将鸡蛋打散，略煮，加入牛奶搅匀，再加少量红糖调味即可。

国学课堂

鹬蚌相争，渔翁得利。

鹬和蚌都想致对方于死地，结果都被渔翁抓走了。意思是双方相争持，让第三者得了利。

第149~150天 动动脑：数独

数独规则简单却富于变化，有趣又好玩，还可以增进孕妈妈的推理与逻辑能力，快来做一做吧。

数独二

4	7	1	5					
		3			9	8		
9	5		6	2				7
7		4	8	5	2		9	
5		9		1			7	
	1	2			7	5	8	
2	9	5			1			
				4		7	2	
					3		5	

数独一答案

3	5	1	9	6	8	4	7	2
4	8	7	1	2	3	9	5	6
2	6	9	7	4	5	3	1	8
9	7	5	2	3	6	1	8	4
6	3	8	5	1	4	7	2	9
1	2	4	8	7	9	6	3	5
5	1	6	3	9	2	8	4	7
8	4	3	6	5	7	2	9	1
7	9	2	4	8	1	5	6	3

（答案见187页）

国学课堂

燕雀安知鸿鹄之志哉。

燕雀怎么知道鸿鹄的志向呢！比喻平凡的人哪里知道英雄人物的志向。

第151~152天 古诗欣赏：《归园田居》（其一）

今天孕妈妈来教胎宝宝读一首自然清新的田园古诗。这首诗是东晋著名的诗人陶渊明的作品。希望宝宝将来长大后，也像诗人一样热爱自然，真诚对待自己的生活。

少无适俗韵，性本爱丘山。
误落尘网中，一去三十年。
羁鸟恋旧林，池鱼思故渊。
开荒南野际，守拙归园田。
方宅十余亩，草屋八九间。
榆柳荫后檐，桃李罗堂前。
暧暧远人村，依依墟里烟。
狗吠深巷中，鸡鸣桑树颠。
户庭无尘杂，虚室有余闲。
久在樊笼里，复得返自然。

——陶渊明

赏 析

这是一首率真自然的诗歌，意境清新隽永。诗歌起笔两句指出自己热爱自然的美丽风光，不能适应俗世官场中的拍马逢迎、趋炎附势。用尘网比喻之前数年的生活，是对官场生活的一个总结，诗人认为入仕是人生的一大失误，自责自悔之情溢于言表。回归田园后，平常的生活在诗人眼中反而显得清新美丽，这是因为诗人的内心如同洁净的自然一样，不染尘埃。孕妈妈读这十句诗的时候，可以想象以下场景：自己随诗人款款而行，走进一个美丽的小村落，南边的田野绿草如茵，远处的村庄依稀可辨，屋顶升起袅袅炊烟，堂前屋后桃李芬芳，绿树成荫，空气里都是植物的馨香气息，一派宁静祥和的美好景象……

国学课堂

运筹帷幄之中，决胜千里之外。

在小小的军帐之内作出正确的部署，能决定千里之外战场上的胜负。

第153~154天 玩愤怒的小鸟，妈妈宝宝同开心

对于孕妈妈来讲，平稳、乐观、温和、开朗的心境，对胎宝宝的身心健康有着非常重要的意义。要知道，在生活中充满了各种各样的乐趣，只要我们有一颗乐观开朗的心，生活的精彩将无处不在。

“愤怒的小鸟”是一款非常有趣的游戏，为了报复偷走鸟蛋的肥猪们，鸟儿以自己的身体为武器，仿佛炮弹一样去攻击肥猪们的堡垒。游戏里一共有七种小鸟，每种小鸟都有自己的本领，当小鸟被弹射出去的时候，它们的叫声让人忍俊不禁。孕妈妈们，就让我们来帮助小鸟，打败那些可恶的偷蛋猪吧。

国学课堂

智者千虑，必有一失；愚者千虑，必有一得。

聪明的人在上千次考虑中，总会有一次失误；愚蠢的人在上千次考虑中，总会有一次收获。

第155天 运动胎教：转动手腕脚腕缓解水肿

许多孕妈妈会出现足部和脚腕肿胀的现象，尤其是职业女性，由于久坐或久站，带来血液循环不畅，从而引起这种不适现象。因此，随时给手腕、脚腕做按摩或常常转动手腕、脚腕，对缓解这种不适是很有好处的。

第一步：捏紧拳头，手腕先向上弯曲再向下弯曲，接着进行从里向外和从外向里的转动。

第二步：将双腿向前平伸，背部挺直，双手撑住地面。脚尖先尽量向后，再改为向前伸出，双脚进行从里向外再从外向里的转动。

国学课堂

贫贱之知不可忘，糟糠之妻不下堂。

富贵时不要忘记贫贱时的朋友，不要抛弃共同患难过的妻子。

第156~157天 成语接龙游戏

汉语中有大量成语，它们都是前人留给我们的语言精髓，内涵非常丰富。今天，孕妈妈带着胎宝宝来玩成语接龙的游戏，让宝宝在快乐中学习成语吧。

百里挑一	→	○	→	○	→	视同陌路	→	○
								↓
				○	←	事不过三	←	○
				↓				
○	←	○	←	○				
↓								
秀色可餐								
↓								
○	→	○	→	晴空万里	→	○	→	○
								↓
				苦尽甘来	←	辛辛苦苦	←	○

（答案见71页）

国学课堂

志士不饮盗泉之水，廉者不受嗟来之食。

有志气的人不喝盗泉的水，廉洁的人不吃施舍的食物。“盗泉”为古时地名，位于今山东省境内。

第158~159天 来学着画简笔画吧

简笔画线条简单，容易操作，孕妈妈可以试着画一画，还可以按照自己的喜好为自己的小作品涂上颜色。看，多可爱呀！

国学课堂

山不厌高，海不厌深；周公吐哺，天下归心。

山越高越好，水越深越好。我抱着周公一样礼贤下士的心态，希望人才都来归顺我曹操。

第160~161天 诗歌欣赏：《你是人间四月天》

你是人间四月天

我说你是人间的四月天，
笑响点亮了四面风，
轻灵在春的光艳中交舞着变。

你是四月早天里的云烟，
黄昏吹着风的软，
星子在无意中闪，
细雨点洒在花前。

那轻，那娉婷，你是，
鲜妍百花的冠冕你戴着，
你是天真，庄严，
你是夜夜的月圆。

雪化后那片鹅黄，你像；
新鲜初放芽的绿，你是；
柔嫩喜悦水光浮动着你梦期待中白莲。

你是一树一树的花开，
是燕在梁间呢喃，
——你是爱，是暖，是希望，
你是人间的四月天！

这是民国一代才女林徽因写给爱子梁从诫的一首诗。在这首诗中，林徽因女士将爱子比作春天四月，她以无比温柔的眼光注视着那可爱的小家伙。在她的眼里，孩子就是春天的云烟、和煦的春风、闪烁的星、嫩芽的鹅黄、一树的花开和梁间的燕子。他是世间所有美好事物的结合体，比世间所有美好事物还要闪耀。

国学课堂

非学无以广才，非志无以成学。

不努力学习就不能增长才智，不立志就无法成就学业。

第162天 成语故事：程门立雪

程门立雪这个成语过去用来形容学生恭敬受教，现在则比喻尊敬师长。孕妈妈今天来讲一讲程门立雪的故事，教育胎宝宝从小要尊敬老师，热爱学习，做一个聪颖懂事的乖宝宝。

杨时从小就聪明伶俐，四岁上学，七岁就能写诗，八岁就能作赋，人称神童。他十五岁时攻读经史，熙宁九年登进士榜，一生立志著书立说，曾在许多地方讲学，备受欢迎。居家时，长期在含云寺和龟山书院，潜心攻读，写作教学。

有一年，杨时赴任浏阳县令途中，不辞劳苦，绕道洛阳，拜师程颐，以求学问上进一步深造。

一天，杨时与他的学友游酢，因对某问题有不同看法，为了求得一个正确答案，他俩一起去老师家请教。

时值隆冬，天寒地冻，浓云密布。他们行至半途，寒风凛凛，瑞雪霏霏，冷飕飕的风肆无忌惮地灌进他们的领口。他们把衣服裹得紧紧的，匆匆赶路。来到程颐家时，看见先生正坐在炉旁打坐养神。杨时二人不敢惊动打扰老师，就恭恭敬敬侍立在门外，等候先生醒来。

这时，远山如玉簇，树林裹银妆，房屋也披上了洁白的素装。杨时的一只脚冻僵了，冷得发抖，但他依然十分恭敬地侍立在门外。

过了良久，程颐一觉醒来，从窗口发现侍立在风雪中的杨时，只见他通身披雪，脚下的积雪已一尺多厚了，赶忙起身迎他俩进屋。

“程门立雪”就由此而来，成为千古佳话，流传至今。

国学课堂

非淡泊无以明志，非宁静无以致远。

这句话反映的是诸葛亮对人生哲理的思考，认为一个人须恬淡寡欲方可有明确的志向，须寂寞清静才能达到深远的境界。

第163~164天 树林漫步，享受舒适的森林浴

大自然给我们带来新鲜的空气、凉爽的树荫和美丽的风景，在大自然中，人的心情很容易变得愉快和放松。孕妈妈可以在悠闲的时候跟准爸爸一起到附近公园的小树林里散散步，或者安排一次旅行，选择树木茂盛的地方，淋漓尽致地享受一番清爽的森林浴。

在小区的花园小径，孕妈妈就可以沐浴着阳光，进行悠闲的散步。同时还可以抚摸着宝宝，跟宝宝说说最近的趣事，让宝宝感受阳光、体味美好！

要穿比较宽松的衣服

穿轻便而宽松的衣服可以使皮肤更多地接触到空气中的植物杀菌素。另外森林中可能要走山路，孕妈妈最好穿较为舒适轻便的运动鞋，鞋底比较厚且弹性好的鞋最佳。还要记得穿袜子，保护好足部。

森林浴的最佳时间

进行森林浴的最佳时间是树木繁盛的初夏到初秋。这段时间温度和湿度较高，植物杀菌素会被大量释放出来，让你感觉心旷神怡。此外，一天当中最好的时段是上午10～12点。

森林浴的最佳方法

进行森林浴时，要保持内心平和，一边呼吸新鲜空气，一边给胎宝宝描述你所看到的景物，路边的花草、树木、蜜蜂、蝴蝶等，都是与宝宝进行对话的素材。

国学课堂

采菊东篱下，悠然见南山。

东墙下采撷清菊心情徜徉，猛然抬头喜见南山胜景绝妙。

第165~166天 名曲欣赏：《雨之歌》

作曲家勃拉姆斯曾经说过：“我最美好的旋律都来自克拉拉。”克拉拉是一位钢琴演奏家，她是音乐家舒曼的妻子，勃拉姆斯的师母。勃拉姆斯深爱着克拉拉，但从未越过理智的堤坝，他把对克拉拉的思念全部用音乐来表现。今天孕妈妈就来欣赏勃拉姆斯创作的这首爱的旋律——《雨之歌》吧。

怎么听

休息的时候，孕妈妈可以坐下来聆听这首曲子，感受它倾诉般的深情，相信你一定会为之感动。

《雨之歌》是一首小提琴奏鸣曲，或许也是勃拉姆斯最充满柔情的乐曲之一。有一些精细的乐句和行云流水般的旋律，使人隐约感受到抒情的、田园诗般的风格。优雅、亲近、直抵人心，仿佛是与灵魂的对话。这个乐曲有三个乐章，联系紧密、浑然一体，散发着浪漫温馨的气息。第三乐章中钢琴部分连绵不断的八分音符隐喻着淌落的雨滴，引发人对美好时光的怀念。

它的主题是在勃拉姆斯的一首歌曲《雨之歌》的基础上发展而来的。歌词写道：“唤醒我的童年和梦想吧，雨呵，忆起我那些旧时的老歌。”孕妈妈是不是也被唤起了怀旧之情？脑海里是否也出现了一个风景如画的地方呢？将心灵深处那些美好的记忆分享给胎宝宝吧。

关于这首曲子

这是勃拉姆斯献给克拉拉的一首曲子，是他在风景如画的奥地利沃特湖畔的乡村写就的。当时克拉拉正遭遇不幸，她失去了女儿，大儿子被送进精神病院，小儿子又患上肺结核。勃拉姆斯非常关心她和她的孩子。但是细细品味这首曲子，却发现它并不单纯是一首抒发悲哀情调的乐曲，而是充满了内敛的情感和自然的气息。

国学课堂

山气日夕佳，飞鸟相与还。

暮色中缕缕彩雾萦绕升腾，结队的鸟儿回翔远山的怀抱。

第167~168天 名画欣赏：《摇篮》

纱帐中，熟睡的宝宝纯洁安静，母亲手抚摇篮，温情凝视。温馨的母子之情从画面上弥漫开来，相信孕妈妈对此会有很深切的共鸣。看着贝尔特·莫里索的这幅画，你是不是觉得对腹中小宝贝的爱意更加浓厚了呢？

国学课堂

木欣欣以向荣，泉涓涓而始流。

草木茂盛欣欣向荣，涓涓泉源细水慢流。

孕妈妈和胎宝宝

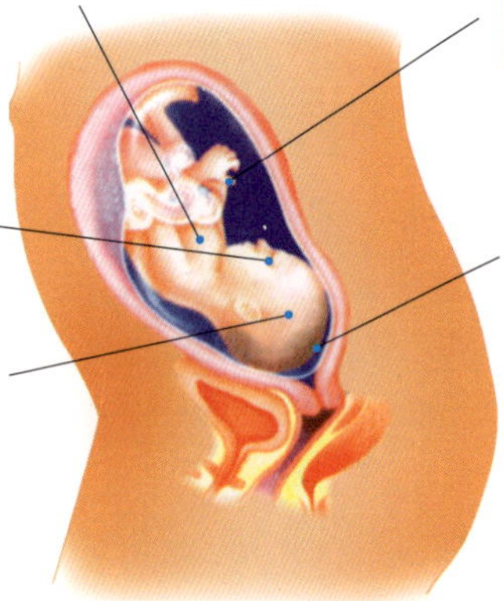

胎毛：全身被细细的胎毛覆盖着。
指甲：出现了手指甲和脚趾甲。
眼睑：形成了上下眼睑。
头发：约有0.5厘米长了。
大脑：功能日趋完善，有记忆能力和思考能力了。

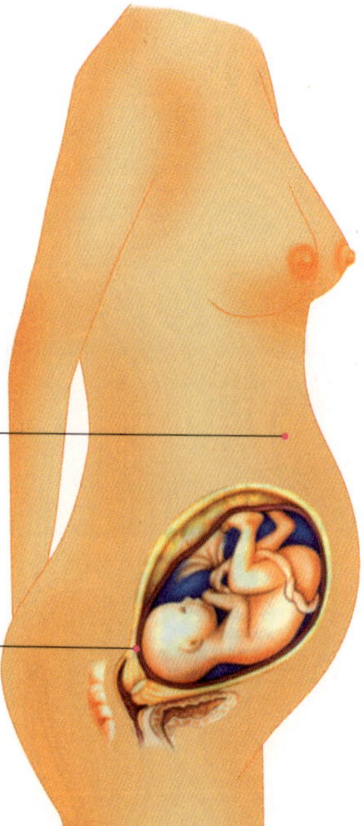

腹部会有紧绷感，用手触摸腹部会感觉发硬，这种现象通常几秒钟后会消失。
子宫底的高度为21～24厘米，在脐部以上。
子宫肌肉对外界的刺激比较敏感，遇到刺激会出现轻微的宫缩。

孕7月末期，胎宝宝的身长约35厘米，体重约1000～1200克，相当于1个柚子的重量。

孕7月

多抚摸，多温暖

第169天 积极预防孕期糖尿病

孕妈妈健康生活馆

孕妈妈要及时进行妊娠糖尿病的筛查。不过，对于已经出现尿糖阳性的孕妈妈，也不要过分紧张，应在医生的指导下，适当控制饮食或用药，并加强对胎宝宝的监护。在现代的医学条件下，糖尿病孕妈妈也能生出一个健康的胎宝宝。

这个月，有的孕妈妈会觉得眼睛发干、发涩、怕光，这些都是正常现象，不用过度担心。

完美准爸爸进修课堂

孕妈妈马上就要进入孕晚期了，腹部迅速增大，很容易感到疲劳，有的孕妈妈还会出现脚肿、腿肿、静脉曲张等不适状况。此时准爸爸应该为孕妈妈做按摩，揉揉后背、肩，按摩腿部和脚部，减轻孕妈妈的不适。

准爸爸在生活中，要坚持与胎宝宝的言语互动，用温柔的声音告诉胎宝宝大家都爱他。准爸爸浑厚的低音更容易传达到子宫内部，久而久之会让胎宝宝对爸爸产生熟悉感，加深亲子感情。

孕7月饮食宜忌

这个月，孕妈妈会出现下肢水肿，应该多吃西瓜、红小豆、洋葱、茄子、芹菜等利尿消肿的食物。

孕妈妈应多喝水，充足的水分能帮助排毒和消除水肿。孕妈妈不必担心多喝水会增加水肿的程度，因为排出的水分总比摄入的水分多。

孕妈妈要注意饮食清淡，不要摄入过多盐分，否则容易让身体的水肿加重。

奶、豆浆可以补充钙质，但孕妈妈千万不要将其当成水来喝。若大量饮用，会使蛋白质的摄入增加，从而加重肾脏负担。

国学课堂

笼天地于形内，挫万物于笔端。

天地虽大，都可概括进形象；万物虽多，都可描绘于笔下。

第170~171天 运动胎教：促进呼吸的动作

胎宝宝脑部快速发育，产生了大量的脑细胞，需要足够的氧气和营养。孕妈妈应多做一些能促进呼吸的运动。

抬头呼吸

（1）两脚分开，与肩同宽，将双臂放平。

（2）将双臂缓缓地举向上方，与此同时，抬起自己的脚后跟。

这个动作能帮助孕妈妈保持平衡，增加氧气的供应量。

舒展背部

（1）双臂上举，吸入空气再从口中慢慢吐出。

（2）上半身向前弯曲，注意保持背部挺直，脖子稍稍上抬，两眼凝视前方；待身体弯曲至与双腿成直角后，再次吸入空气，弓起背部，慢慢让上半身恢复原位。

这个动作能使孕妈妈的呼吸变得顺畅。

国学课堂

登山则情满于山，观海则意溢于海。

登山后情感就会像山一样饱满，看海时想象就会像海水一样澎湃。

第172~173天 戏曲欣赏：黄梅戏《天仙配》

戏曲是中华民族文化的一部分，它有博大的内涵、悠长的韵味。现在，孕妈妈和胎宝宝就来欣赏黄梅戏《天仙配》的名段《夫妻双双把家还》吧。

黄梅戏《天仙配》描述的是玉帝最小的女儿七仙女和董永的爱情故事。穷书生董永卖身葬父，七仙女在天上看到了人间的情况，同情爱恋之余，不顾天规，在大姐的帮助下，下凡与董永结成夫妻，并用仙术将董永的工期由三年缩短为百日。当夫妻二人工满回家时，对以后的日子充满了向往，他们在回家路上的唱词就是《夫妻双双把家还》。

女：树上的鸟儿成双对，
男：绿水青山绽笑颜；
女：从今再不受那奴役苦，
男：夫妻双双把家还；
女：你耕田来我织布，
男：我挑水来你浇园；
女：寒窑虽破能抵风雨，
男：夫妻恩爱苦也甜；
男女：你我好比鸳鸯鸟，比翼双飞在人间。

大部分孕妈妈都听过这熟悉的唱段吧，再来回味一下舒展的旋律和浓浓的韵味，并在欢快跳跃的弦乐伴奏下感受七仙女和董永的归家喜悦之情吧。

在不久的未来，三口之家的美好生活即将开始，下班后飞奔回家，只为尽快亲亲宝宝的小脸。

国学课堂

操千曲而后晓声，观千剑而后识器。

练习很多支乐曲之后才能懂得音乐，观察过很多柄剑之后才知道如何识别剑器。

第174~175天 胎教故事：《真假小白兔》

今天，孕妈妈来读读真假小白兔的故事，别忘了问问胎宝宝：怎么分辨出真正的小白兔？

小白兔当了萝卜店的经理。小狐狸很羡慕：“哼，我要变成小白兔！”于是，他念起咒语：“一二三四五六，狐狸变成小白兔。”嘿！小狐狸变成了一只小白兔了。

早晨，一只小白兔一蹦一跳来到萝卜店。店里的小灰兔一见，惊叫起来：“咦？小白兔经理刚进去，怎么又来了一个小白兔经理呢？”

里面的小白兔走出来一瞧，大叫：“你是——”

外面的小白兔也大叫：“我是这里的经理，你是谁？”

“明明我是经理，你是谁？”

两只小白兔吵起来。小灰兔们左看看右看看，全愣住了，实在分不出谁是真的小白兔经理。

熊法官来了，先在他俩面前放下两捆青草，两只小白兔很快吃完了青草。熊法官又在他们面前放了两块肉，两只小白兔都皱着眉头：“不吃不吃！”熊法官看看这个，又看看那个，怎么也看不出真假，急得直搔头：“这可怎么办？”

兔妈妈来了，两只小白兔一齐叫：“妈妈，我是你的孩子。”

兔妈妈看看这个，又看看那个，摇摇头：“咦，真怪！唔，我的孩子尾巴上有个伤疤。”

可仔细一看，两只小白兔尾巴上都有伤疤。这可怪了！兔妈妈想了想，忽然捂着肚子叫起来：“哎哟，哎哟，我的肚子疼！哎哟，哎哟！”兔妈妈疼得弯下了腰。

“妈妈，你怎么啦？”一只小白兔眼泪都流出来了，扑上来扶着兔妈妈，一边大叫：“快，快去叫救护车，快！快！”

另一只小白兔虽然也在叫“妈妈，妈妈”，声音却一点不急。

兔妈妈猛然站起来，一把抱住扑上来的小白兔，说：“我分出来了，你才是我的孩子——真正的小白兔！”

小白兔笑着说：“妈妈，你到底认出自己的孩子了！”

另一只小白兔见兔妈妈忽然好了，愣了一愣，才明白自己上了当。只好摇身一变，变成狐狸溜走了。

熊法官笑了：“兔妈妈，你真聪明！”

兔妈妈笑了，小白兔也笑了。

国学课堂

句有可削，足见其疏；字不得减，乃知其密。

写出来的文章，一读再读，词句间如果发现仍有可以删削的，这就足见还有疏忽之处，应该再来刻意删削，把累赘的词语删削得干干净净。

第176天 营养胎教：多吃点新鲜蔬菜和水产品吧

这一时期，胎宝宝的大脑正在迅速发育，准爸爸可以给孕妈妈做一些营养丰富的新鲜蔬菜和鱼类，在补充孕妈妈营养的同时，也可以帮助胎宝宝的脑细胞核进行分裂。

虾仁炒芹菜

材料 芹菜400克，虾仁50克。

调料 葱末、姜丝、料酒、鸡精、盐、清汤、淀粉、植物油各适量。

做法

1 芹菜择洗干净，切段，在沸水中焯一下，捞出沥干；虾仁泡发，洗净待用。

2 炒锅上火，倒油烧热，下入虾仁炸香，然后倒入葱末、姜丝、芹菜煸炒片刻，加入料酒、盐、鸡精、清汤炒匀，再用淀粉勾芡即可。

炒胡萝卜丝

材料 胡萝卜300克。

调料 香菜、盐、鸡精、植物油各适量。

做法

1 胡萝卜洗净，切丝；香菜洗净，切段待用。

2 炒锅上火，倒油烧热，下入胡萝卜丝煸炒至变软，加入香菜，再用盐、鸡精调味即可。

国学课堂

一年之计在于春，一日之计在于晨。

一年当中最值得把握的是在春季，一天之中最要抓紧的是早晨。

第177~178天 开始练习拉梅兹呼吸法

拉梅兹呼吸法也被称为心理预防式的分娩准备法。掌握了这种分娩呼吸方法后，能够减缓生产时的疼痛，加速生产进程，有助于顺利轻松地进行生产。从孕7月开始，孕妈妈就可以进行练习了。

练习前要做的准备工作

室内可以播放一首旋律优美的胎教音乐。孕妈妈在客厅地毯上或在床上盘腿而坐，在音乐声中，孕妈妈首先将自己的身体完全放松，眼睛注视在某一点上。可以邀请准爸爸陪伴，帮助你计时，还能给你带来鼓励。

拉梅兹呼吸法的5个步骤

产程阶段	名称	操作方法
分娩开始时	胸部呼吸	孕妈妈在感觉到子宫收缩时，用鼻子深深吸一口气，用嘴吐气，反复进行，直到阵痛停止再恢复正常呼吸
子宫收缩每2~4分钟1次时	嘻嘻轻浅呼吸	用嘴吸入一小口空气，保持轻浅呼吸，让吸入和吐出的气量相等。注意要完全用嘴呼吸，保持呼吸高位在喉咙，就像发出“嘻嘻”的声音。练习时间由连续20秒起慢慢加长，直至一次呼吸练习能达到60秒
子宫收缩每60~90秒1次时	喘息呼吸	先将空气排出后，深吸一口气，接着快速做4~6次的短呼气，感觉就像在吹气球。练习时由一次呼吸练习持续45秒慢慢加长至一次呼吸练习持续90秒
阵痛开始	哈气呼吸	先深吸一口气，接着短而有力地哈气，如浅吐1、2、3、4，接着大大地吐出所有的“气”，就像在吹一件很费劲的东西。练习时每次需达90秒
子宫颈全开	用力推	下巴后缩，略抬头，用力使肺部的空气压向下腹部，完全放松骨盆肌肉。换气时，保持原有姿势，马上把气呼出，同时马上吸满一口气，继续憋气和用力，直到宝宝娩出。每次练习时，至少要持续60秒用力

国学课堂

春江潮水连海平，海上明月共潮生。

春天的江潮水势浩荡，与大海连成一片，一轮明月从海上升起，好像与潮水一起涌出来。

第179~180天 看看哪里不一样

请孕妈妈和胎宝宝一起来为下面两幅相似的图画找不同吧！一共有五处细微的区别，找到一处就用笔画一个圈作为标记。这个小游戏可以锻炼观察能力和持续关注力，这就开始吧！

我们还可以这样玩

准备好数码相机与三脚架，将玩具之类的物品散在桌子上，拍下一张照片，然后移动几种物品的位置，拿走或增加几种物品，接着再拍一张，将这两张照片放在一起，就可以玩自制的找不同游戏了。

国学课堂

洛阳亲友如相问，一片冰心在玉壶。

洛阳的亲朋好友如果向你问起我，就请转告他们：我的心，依然像一颗珍藏在玉壶中的冰一样晶莹纯洁。

第181~182天 跟宝宝来做光影游戏

光照胎教可以训练胎宝宝的视觉功能，还能帮助他明白昼夜的规律。孕妈妈来尝试一下吧。

实施方法

光照胎教最适宜的时间是晚上8～9点或9～10点，这是胎宝宝胎动活跃的时期。孕妈妈用手电筒的微光，一闪一灭地照射腹部，反复3次。你可以一边做，一边和胎宝宝说话，例如告诉他“现在是晚上，我们玩一会，然后我们可以听听音乐，睡个好觉，再做个好梦”。

也可以在白天晒太阳的时候，摸着自己的腹部，告诉胎宝宝，现在是什么时间，天上有没有云朵，阳光有多温暖，外面的世界有多美丽。

注意事项

特别应该注意的是光影胎教切忌用强光照射，且时间不宜过长。一定不要在胎宝宝睡觉时进行，否则会打扰到胎宝宝的正常生理周期。

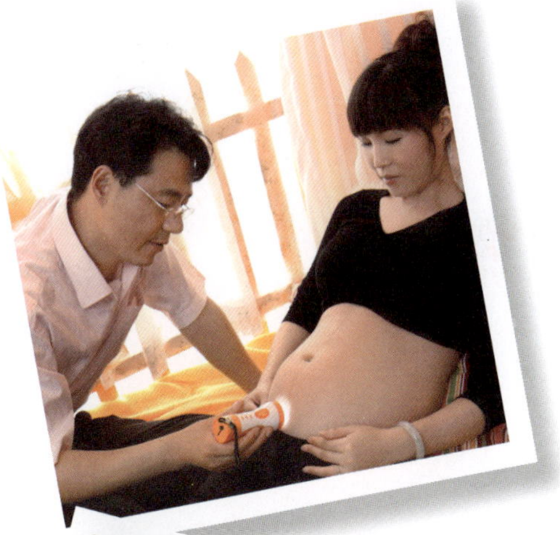

孕妈妈在做光影游戏时，可以用手电筒照，也可以沐浴阳光，让胎宝宝进入光影的世界吧。

国学课堂

国以民为本，民以食为天。

国家以人民为根本，人民以食物为头等大事。

第183天 剪纸欣赏：十二生肖（三）

孕妈妈能猜出下面这些剪纸分别是什么动物吗？
可以给胎宝宝讲讲这些动物的习性和趣事。

马：活泼、豪爽、正直、一往无前
羊：柔和、温润、细腻、团结和睦
猴：灵活、机智、聪慧、自信

国学课堂

忠言逆耳利于行，良药苦口利于病。

好药虽然是苦的，但是只有苦才能治病，忠实的劝告往往都是不顺听的，但是却对我们的行动有好处。

第184~185天 散文欣赏：《繁星》

仰望星空，就如同回到母亲的怀抱，让人舒心、安详和陶醉。在宁静的夜晚，孕妈妈来给宝宝读巴金先生的《繁星》吧，别忘了告诉宝宝："妈妈的怀抱总是最温暖的。"

我爱月夜，但我也爱星天。从前在家乡七、八月的夜晚，在庭院里纳凉的时候，我最爱看天上密密麻麻的繁星。望着星天，我就会忘记一切，仿佛回到了母亲的怀里似的。

三年前在南京我住的地方有一道后门，每晚我打开后门，便看见一个静寂的夜。下面是一片菜园，上面是星群密布的蓝天。星光在我们的肉眼里虽然微小，然而它使我们觉得光明无处不在。那时候我正在读一些关于天文学的书，也认得一些星星，好像它们就是我的朋友，它们常常在和我谈话一样。

如今在海上，每晚和繁星相对，我把它们认得很熟了。我躺在舱面上，仰望天空。深蓝色的天空里悬着无数半明半暗的星。船在动，星也在动，它们是这样低，真是摇摇欲坠呢！渐渐地我的眼睛模糊了，我好像看见无数萤火虫在我的周围飞舞。海上的夜是柔和的，是静寂的，是梦幻的。我望着那许多认识的星，我仿佛看见它们在对我霎眼，我仿佛听见它们在小声说话。这时我忘记了一切。在星的怀抱中我微笑着，我沉睡着。我觉得自己是一个小孩子，现在睡在母亲的怀里了。

有一夜，那个在哥伦波上船的英国人指给我看天上的巨人。他用手指着：那四颗明亮的星是头，下面的几颗是身子，这几颗是手，那几颗是腿和脚，还有三颗星算是腰带。经他这一番指点，我果然看清楚了那个天上的巨人。看，那个巨人还在跑呢！

——巴金

国学课堂

人生有新故，贵贱不相逾。

人生变化无常，但不论富贵贫贱都不能忘记情义。

第186~187天 准爸爸讲笑话：千万别喝水

准爸爸要开始讲笑话了，宝宝已经非常熟悉爸爸的声音了，一听到爸爸浑厚深沉的嗓音就会显得非常开心。

千万别喝水

宝宝不小心，吞下一粒橘子核。 邻居小弟弟对他说：“你千万别喝水，我哥哥说‘种子得到了水分和养料，就会发芽、生长’。你要喝了水，头上就会长出橘子树来！”

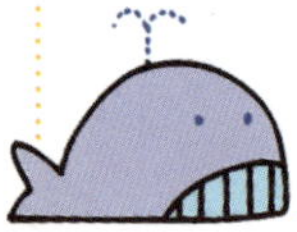

修雨靴

一场大雨过后，小灵拖着爸爸的一双大雨靴玩水。雨靴破了个洞，进水了。 小灵想：这好办，只要再开个洞，让水流出去就行了。于是，他用剪刀在靴底又开了一个洞。可是雨靴里的水越积越多。 小灵叹气了：“到底要开几个洞，水才能出去呢？”

雨天求伞

一个下雨天，一位夫人走进一家咖啡馆询问侍者道：“我昨天在这里喝完咖啡后，有没有留下一把雨伞？”“是什么样子的伞呢，太太？”“随便什么样子都行，只要是伞就行！”

伞状蘑菇

儿子：“爸爸，蘑菇是长在潮湿的地方吗？” 爸爸：“是啊，长在爱下雨的地方。”儿子：“噢，怪不得蘑菇要长成伞的形状！”

国学课堂

信近于义，言可复也。恭近于礼，远耻辱也。因不失其亲，亦可宗也。

所守的诺言如果符合于义，那么所说的话就能够兑现。恭敬、谨慎的态度符合于礼，就不致遭受到耻辱。由于依靠的都是关系亲近的人，这个人也就可靠了。

第188~189天 营养胎教：做一道利水消肿的菜

这段时期孕妈妈还是需要保证每一顿都摄入充足的营养，而且在此基础之上还要注意身体水肿的状况。充满爱心和责任心的准爸爸赶快来下厨，为孕妈妈做一道利水消肿的贴心菜吧。

炝腰片

材料 猪腰300克，冬笋20克，黄瓜30克。

调料 植物油、花椒、盐、味精、料酒、姜各适量。

做法

1 将猪腰外面的薄皮扒掉，片成两片，切去腰臊，再切成片，洗净，放入开水锅内烫熟，捞出，控净水；将冬笋洗净，切成象眼片，放入开水锅内烫透捞出，控净水；将黄瓜洗净，用凉开水冲洗干净，切成象眼片；将姜洗净，用刀拍散，切成细末。

2 将腰片、冬笋片、姜末、黄瓜片同放入一个汤碗中，再放入盐、味精、料酒。

3 炒锅置火上，倒入花生油，油热后放入花椒，炸至花椒变色有香味时，捞净花椒，把炸好的花椒油浇在汤碗中，搅拌均匀，装盘即可。

功效 这道菜清鲜美味，富含蛋白质、铁、钙、维生素及纤维素，有益补肾虚的作用。孕妈妈食用可以防止水肿、强身健体。

国学课堂

众寡同力，则战可以必胜，而守可以必固。

军队不论人数多少，只要同心协力，就能战必胜，守必固。

第190天 古诗欣赏：《春江花月夜》

听准爸爸朗诵优美的唐诗

准爸爸，让我们来朗诵一首优美的唐诗给胎宝宝听吧。要知道，唐诗是中华文化的精髓，无数优美诗歌被人们代代传唱。这些诗歌所表达出来的美丽意境，不但陶冶了准爸爸的情操，也影响着胎宝宝。

春江花月夜（张若虚）

春江潮水连海平，海上明月共潮生。
滟滟随波千万里，何处春江无月明？
江流宛转绕芳甸，月照花林皆似霰。
空里流霜不觉飞，汀上白沙看不见。
江天一色无纤尘，皎皎空中孤月轮。
江畔何人初见月？江月何年初照人？
人生代代无穷已，江月年年只相似。
不知江月待何人，但见长江送流水。
白云一片去悠悠，青枫浦上不胜愁。
谁家今夜扁舟子？何处相思明月楼？
可怜楼上月徘徊，应照离人妆镜台。
玉户帘中卷不去，捣衣砧上拂还来。
此时相望不相闻，愿逐月华流照君。
鸿雁长飞光不度，鱼龙潜跃水成文。
昨夜闲潭梦落花，可怜春半不还家。
江水流春去欲尽，江潭落月复西斜。
斜月沉沉藏海雾，碣石潇湘无限路。
不知乘月几人归？落花摇情满江树。

这首诗以写月作起，以写月落结，在从天上到地下这样广阔的空间中，从明月、江流、青枫、白云到水纹、落花、海雾等等众多的景物，以及客子、思妇种种细腻的感情，通过环环紧扣、连绵不断的结构方式组织起来。由春江引出海，由海引出明月，又由江流明月引出花林，引出人物，转情快意，前后呼应，若断若续，使诗歌既完美严密，又有反复咏叹的艺术效果。

国学课堂

上下不和，令乃不行。

上下不和睦，命令就不能贯彻执行。

第191~192天 动动脑：猜字谜

下面的谜语都是打一个字，孕妈妈快来猜猜看，顺便还可以教胎宝宝认字呢。

(1) 手无寸铁

(2) 文武两全

(3) 日落香残，洗凡心一点

(4) 木字多一撇

(5) 付出爱心

(6) 半部春秋

(7) 一勾新月伴三星

(8) 一人一张口，口下长只手

(9) 十个哥哥

(10) 银川

(11) 格外大方

(12) 半青半紫

(13) 走出深闺人结识

(14) 皇帝新衣

猜字谜答案

(1) 控
(2) 斌
(3) 秃
(4) 移；朱
(5) 受
(6) 秦
(7) 心
(8) 拿
(9)克
(10) 泉
(11) 回
(12) 素
(13) 佳
(14) 袭

国学课堂

不和于国不可以出军，不和于军不可以出陈。

国内不和睦不能出兵，军内不和睦不能交战。

第193~194天 名曲欣赏：《海浪的嬉戏》

在这周，宝宝的听力已经发育得很充分了，也具有了记忆能力。孕妈妈应该趁此机会积极开展音乐胎教，以进一步刺激宝宝的脑部发育。今天我们要欣赏德彪西的交响曲《大海》的第二首《海浪的嬉戏》，感受大海的壮阔与浪涛的欢愉。

这样听

早上或休息时间，开启这段音乐，带着宝宝走进宏大的交响乐画卷。

孕妈妈可以一边聆听，一边展开想象：充满阳光的海面变化无常，有时安静沉着，有时惊涛骇浪。海浪欢笑着、腾跃着，与绚烂的阳光和谐地交织在一起，闪耀着斑斓的色彩。

乐曲经过辉煌的高潮，渐渐平静下来，犹如平静的海面，最后，在轻轻的余音中结束。

关于德彪西

德彪西是19世纪末20世纪初法国杰出的作曲家、钢琴家、指挥家和音乐评论家，印象主义音乐的创始人。他被誉为革命性的音乐家，他对和声与旋律进行了创新。有人称他为印象派作曲家，实际上他本人对此并不接受。但是他的确像印象派画家一样捕捉着光与影的感觉，在他的音乐中，色彩、音色与节奏的重要性绝对不亚于和声与旋律。

关于印象画派

19世纪六七十年代，在法国兴起了一个画派，他们把颜色彻底分离，用颜色的冷暖来交织画面，是一种艺术的革命。他们采取在阳光下直接作画的方法，主张捕捉自然界的瞬间印象。实际上就是冲淡理性的东西，追求瞬间的感觉。

国学课堂

凡军欲其众也，心欲其一也；三军一心，则令可使无敌矣。

凡是军队都希望人多、思想一致；全军一心，就可以令行而无敌于天下。

第195~196天 名画欣赏：《阿波罗和九个缪斯》

居斯塔夫·莫罗是法国象征主义画家，他的作品主要从基督教传说和神话故事中取材，有很强的隐喻性。

今天，孕妈妈来欣赏一下莫罗的《阿波罗和九个缪斯》吧。

看，在这幅画中，阿波罗裸体坐在树前，神色端庄，似乎正酝酿着某种灵感，而在他的背后是九个不同个性气质的缪斯。画家用写实的手法让画面充满了神话般的诗意，并强调了神话情节的庄重感与虚幻感，将浪漫气息和象征意义完美结合。你感觉到了吗？

国学课堂

三人行，必有我师焉：择其善者而从之，其不善者而改之。

三个人同行，其中必定有我的老师。我选择他的优点去学习，看到他的缺点就对照自己，改正自己的缺点。

孕妈妈和胎宝宝

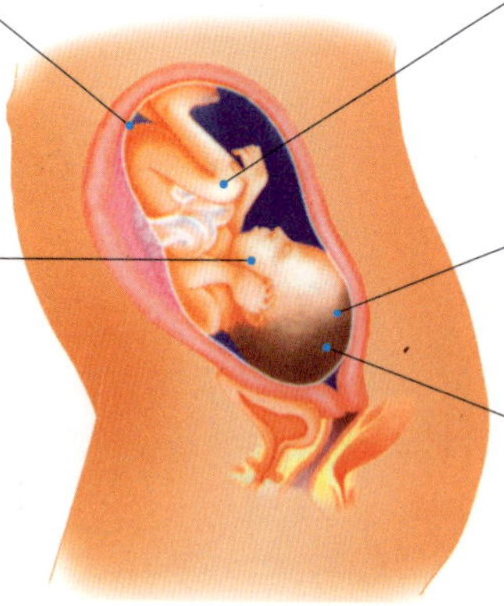

身体：圆滚滚的。
皮肤：颜色变深。
脸部：仍然皱巴巴的。
大脑：快速发育。
头部：继续增长，开始朝下。

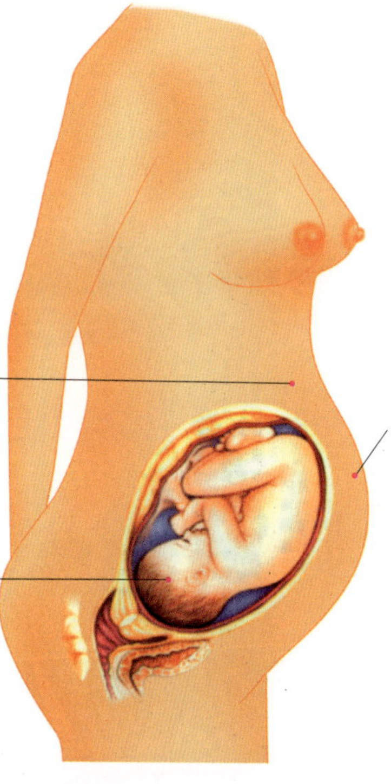

腹部隆起非常明显了。
肚脐变得突出了。
子宫进一步增大，宫高达到25～28厘米。

孕8月末期，胎宝宝的身长约41～44厘米，体重约1600～1800克，约为6个橙子的重量。

孕8月

看到外面的光了

第197天 可能会出现腰酸背痛

孕妈妈健康生活馆

这个月，容易有腰酸背痛腿抽筋的毛病，孕妈妈要注意多休息。除了走路就不需要运动了。这时，孕妈妈也可能有些健忘，这是正常的，因为除了宝宝你心里已经装不下任何东西了。

到了孕晚期，胎宝宝长得特别快，体重一般都是在这个时期增加的。因此，孕妈妈要注意合理饮食，如果营养摄入过多，容易使胎宝宝长得太大，分娩时容易难产，所以要合理安排饮食。

完美准爸爸进修课堂

准爸爸要给予孕妈妈和胎宝宝更多的关爱。平时多陪陪孕妈妈，和孕妈妈一起去散步、产检、听孕产知识课，这将会给孕妈妈莫大的心理支持，让她更有安全感。

包揽下所有的家务活吧，因为孕妈妈即使想做家务也是有心无力，需要更多的精力为分娩做准备。

孕8月饮食宜忌

从现在开始到分娩，孕妈妈的饮食中应多吃一些豆类和谷类的食物，这不仅能满足孕妈妈的身体需求，还能满足胎宝宝在这个阶段对营养的需求。

为了避免体重增加过度，孕妈妈还是将饼干、糖果、炸薯条等热量较高的零食给戒掉吧。

国学课堂

良辰美景奈何天，赏心乐事谁家院。

赞叹春色美好，但又想到自己的一腔春愁无处排遣，良辰美景尤在，但赏心乐事却不知在谁家谁院？

第198~199天 深入认识“爱”

看到“爱”这个字，孕妈妈是否就一下子觉得有一股暖意从心底涌出？妈妈对孩子总是充满了无限的爱。爱是一种发自于内心的情感，字典中它有着许多的意义。现在，就来一起翻翻字典，了解一下“爱”这个字吧。

繁体字的“爱”，是由“爫”、“冖”、“心”、“友”四部分组成。从字形上看，不论是爱人还是被爱，都要用心付出和感受。爱人时，爱出自真诚之心，才有让人动容的行为。被爱时，只有用心去体验、去感受，才能了解爱的真谛。

父母对子女倾注了无限的关爱，为他们全身心地付出一生，这都是真心、自然地流露；在爱心中成长的子女，更要用心去体会父母的深情厚爱，从心底生起对父母的感恩之心。

爱

动词，对人或事物有很深的感情，如爱祖国、爱人民。

动词，喜欢。如爱游泳、爱劳动、爱看电影。

动词，爱惜，爱护。如爱公务，爱集体荣誉。

动词，常常发生某种行为，容易发生某种变化，如爱哭、铁爱生锈。

名词，姓。

国学课堂

山高自有客行路，水深自有渡船人。

山高自然有行走的路，水深自然会有渡船的人。这是《西游记》里孙悟空劝唐僧不要害怕的话。

第200~201天 音乐胎教：《走天涯》

爸妈来唱歌，胜过听音乐

对于胎宝宝来说，爸爸妈妈的声音就是世界上最美妙的音乐，所以爸爸妈妈在有空的时候，来哼一哼好听的歌吧，胎宝宝会非常享受的。

走天涯（叶贝文）

月亮依旧停在旷野上，
你的身影被越拉越长，
直到远处的马蹄声响，
呼唤你的歌声传四方。
举头望天只见雁两行，
低头泪水为我卸了妆，
伤心凭栏相思涂满墙，
彻夜无眠爱的路太长。
你的脚步流浪在天涯，
我的思念随你到远方，
谁的眼泪在月光中凝聚成了霜，
是你让我想你想断肠。
你的脚步流浪在天涯，
我的思念随你到远方，
如果今生不能与你结呀结成双，
来世化蝶依偎你身旁。

弹断琴弦诉不够离伤，
望穿秋水看不破情网，
岁月轮回带不走忧伤，
白雪苍茫盖不住惆怅。
原上枯荣飞逝的时光，
无奈岁月画鬓已如霜，
但求千里与你共婵娟，
天涯海角我都不能忘。
你的脚步流浪在天涯，
我的思念随你到远方，
谁的眼泪在月光中凝聚成了霜，
是你让我想你想断肠。
你的脚步流浪在天涯，
我的思念随你到远方，
如果今生不能与你结呀结成双，
来世化蝶依偎你身旁。

这首歌轻松明快，而且带有很强烈的民族风，歌词意境悠远，很适合爸爸妈妈哼给胎宝宝听。

国学课堂

十年窗下无人问，一举成名天下知。

古代读书人十年寒窗没人知道，但当考上功名后，一举成名天下皆知。

第202~203天 营养胎教：海产品让宝宝更聪明

准爸爸露一手的时间又到了。这一周，孕妈妈应该吃一些营养丰富的海洋食物，它们富含的营养成分与胎宝宝眼睛、皮肤、牙齿和骨骼的正常发育关系密切。今天推荐准爸爸为孕妈妈做何首乌海参瘦肉汤和红烧带鱼。

何首乌海参瘦肉汤

材料 海参1只，龙眼肉20克，瘦肉250克，何首乌50克，红枣5颗。

调料 盐适量。

做法

1 龙眼肉用水浸洗；海参用水浸软，用刷子刷去表面的黏液、沙土。

2 将海参切片，红枣去核，所有材料清理干净后一并放入煲内煮沸，再改用小火煲2小时，放盐调味即可。

功效 孕妈妈饮用何首乌海参瘦肉汤，既可补肾养血，又能润发乌发，此汤是孕妈妈理想的滋补汤水。海参含有钙、磷、铁质，有补血作用，所含的胶质可以补充体力。

红烧带鱼

材料 鲜带鱼500克。

调料 料酒、酱油、盐、葱段、姜片、白糖、植物油、面粉各适量。

做法

1 将带鱼去鳃、鳍、内脏，洗净，切段。

2 锅中放入植物油烧热，将带鱼段裹上面粉下入锅内煎至金黄色，再加入适量水、盐、料酒、酱油、糖、葱、姜，烧至汤汁浓稠、带鱼熟烂入味时即可。

国学课堂

有缘千里来相会，无缘对面不相逢。

有缘分的人即使相隔千里，也会相聚在一起；没有缘分的人即使面对面走过，也聚不到一块。

第204天 听、看、体会，让宝宝全方位感受生活中的美

美育胎教要求孕妈妈通过听、看、体会等方式，将自己对美的感受通过神经中枢传递给胎宝宝。

听，即听音乐。在欣赏音乐时，孕妈妈可以选择一些主题丰富、意境饱满的作品。比如贝多芬的《月光奏鸣曲》、肖邦的《英雄》、维瓦尔迪的《四季》等，这些乐曲主题鲜明，能促使人们产生美好的情怀，有利于胎宝宝心智的发育。

看，即阅读和欣赏优秀的文学、绘画作品。孕妈妈可以读一些中外名著，比如俄国作家屠格涅夫的散文，我国古代诗词，外国诗人普希金、雪莱等的诗歌，安东尼·德·圣-埃克苏佩里的小说《小王子》以及国内外专门为宝宝们创作的优秀文学绘本等。孕妈妈在阅读这些文学作品时一定要边看、边思考、边体会，强化自己对美的感受，这样胎宝宝才能受益。

另外，孕妈妈还可以看一些名画，比如中国的山水画、西方的油画等。可以特意挑选一些反映母爱或儿童主题的作品，如美国女画家卡萨特的《洗澡》、《蓝色沙发中的小女孩》或布格罗的《小淘气》、《诱惑》等。在欣赏这些美术作品时，别忘了调动自己的理解力和鉴赏力，将美的体验传递给胎宝宝哦。

体会，指贯穿在听、看活动中的一切感受和领悟，也指孕妈妈在大自然中对自然美的欣赏和领悟。孕妈妈可以适当地到大自然中走动走动，呼吸一下新鲜空气，体会一下大自然的生机勃勃，也许会对生命的顽强有所感悟呢。这个过程会让孕妈妈产生很愉快的心情，对胎宝宝的脑细胞和神经发育也有很好的促进作用。

国学课堂

枯藤老树昏鸦，小桥流水人家，古道西风瘦马。

枯萎的藤蔓，垂老的古树，一只无精打采的乌鸦，纤巧的小桥，潺潺的流水，温暖的茅屋，安谧而温馨。荒郊古道上，一匹瘦马载着游子，冒着凛冽的西风踟蹰而行。

第205~206天 认字儿歌唱起来

人

先撇后一捺，
人字不分家。
入字捺出头，
分手便是八。

大

一人大，二人天，
天上太阳大一点。
大苹果，香甜甜，
分给大家尝尝鲜。

小

竖勾站中间，
撇点挂两边。
小孩变魔术，
小大合成尖。

耳

横下两竖有短长，
小二耳朵里面藏。
古代有个大笨蛋，
掩耳盗铃真荒唐。

国学课堂

予独爱莲之出污泥而不染，濯清涟而不妖。

而我却唯独喜爱莲花，它从淤泥里长出来却不沾染污秽，在清水里洗涤过，但是并不显得妖媚。

第207~208天 准爸爸多抚摸宝宝

妊娠7个月后由于胎宝宝的进一步发育，将手放在孕妈妈的腹部便能清楚地触到胎宝宝的头部、背部和四肢。今天，就让准爸爸来跟胎宝宝交流一下感情，摸摸胎宝宝的小胳膊、小腿吧。

触摸顺序

可由头部开始，然后沿着背部到臀部再到肢体，要轻柔有序，当胎宝宝感受到触摸的刺激后，会作出相应的反应。

触摸时间

可选择在晚间9时左右进行，并需要长期坚持，每次5～10分钟。在触摸时要注意胎宝宝的反应，如果胎宝宝是轻轻地蠕动，说明可以继续进行；如果胎宝宝用力蹬腿，说明你抚摸得不舒服，胎宝宝不高兴了，此时就要停下来。

一边爱抚一边跟宝宝说说话

准爸爸可以一边抚摸胎宝宝一边同胎宝宝说说话，这是父爱的具体表现，胎宝宝能够通过听觉和触觉感受到父爱的温暖。

晚上，准爸爸躺在妻子身边，可以和胎宝宝谈谈今天发生的趣事。例如：“小宝宝，现在是晚上了，爸爸下班了。今天爸爸路过公园，看到那里的桃花都开了，特别漂亮！”当胎宝宝活动剧烈，妻子受不了时，可以告诉他：“宝宝，这样会让妈妈难受的。要乖哦。”

只要准爸爸有耐心，和胎宝宝的谈话对于胎宝宝的成长是相当有益的。

准爸爸一边温柔地爱抚小宝宝一边同宝宝或孕妈妈说话，孕妈妈和胎宝宝都会感觉到幸福和温暖。

国学课堂

莫等闲，白了少年头，空悲切。

好男儿，要抓紧时间为国建功立业，不要空空将青春消磨，等年老时徒自悲切。

第209~210天 通过物品来认识红色

经过前面一段时间的胎教，胎宝宝已经从孕妈妈那里学到了不少东西。今天孕妈妈来教胎宝宝认识颜色，进一步培养胎宝宝的思维能力吧。

孕妈妈可以拿起一个红色的物体，例如红色卡片、红色气球、红色丝巾等，不断地对胎宝宝说："这是红色的。"然后再拿出另外一个红色物体，告诉他："这也是红色的。"然后把所有的红色物体放在一起，告诉胎宝宝："这些都是红色的。"

认识颜色的时间最好固定，要在胎宝宝醒着的时候进行。在教的时候，尽量重复红色这个词，避免提到其他颜色。其他颜色可以留在以后慢慢教。

▲红花瓶

▲红苹果

▲红沙发

国学课堂

千古兴亡多少事，悠悠。不尽长江滚滚流。

不管世道多么沧桑巨变，历史的巨轮都会以摧枯拉朽之势滚滚向前。

第211天 开始英语启蒙了

现在，胎宝宝的听力已经相当完善了，他时刻倾听着外面的一切。胎宝宝已经能够辨认出妈妈的声音了，当外界的声音响起时，胎宝宝也会做出反应并产生胎动，这就是胎宝宝学习的表现。所以，从现在开始，孕妈妈不妨对胎宝宝做一些英语胎教，给胎宝宝进行英语启蒙。

孕妈妈可以经常性地跟胎宝宝进行一些简单的英语对话，将自己看到的、听到的事情用英语来描述给胎宝宝听。例如，"Baby, I love you"，"That is a rose"，"It' s a nice day"，等等。

在家时，也可以放一些英语儿歌给胎宝宝听。

Mary Had A Little Lamb

Mary had a little lamb,
little lamb,
little lamb.
Mary had a little lamb.
It' s fleece was white as snow.
Everywhere that Mary went,
Mary went,
Mary went.
Everywhere that Mary went,
the lamb was sure to go.

Happy Birthday

Happy Birthday to you.
Happy Birthday to you.
Happy Birthday Dear,
Happy Birthday to you.
Happy Birthday to you.
Happy Birthday to you.
Happy Birthday Dear,
Happy Birthday to you.

国学课堂

众里寻他千百度，蓦然回首，那人却在灯火阑珊处。

人海中找来找去没有踪影，可是一回头才发现，要找的那人就在灯火明灭的不远处。

第212~213天 自己动手做卡片

DIY总是能够让人心情愉快，因为只需你花一些小心思，动动手，就会拥有一件独一无二的小作品。孕妈妈今天就来尝试做一下吧。

花儿相框

（1）用硬一些的纸板或彩色卡纸裁成长方形当底板。

（2）把白卡纸裁成比底板稍小一些的长方形，贴在底板上面，这就是一个相框。

（3）把踏青采回的小野花粘在白卡纸上，或者用家里剩下的包装纸、碎布头剪出你想要的形状粘上去。

（4）配上漂亮的蝴蝶结和装饰品，美丽的相框就做好了！

胎教小贴士

在做相框和贴画时，用心感受，将美印在你的心里，这样你的胎宝宝才能感受得到。

树叶贴画

（1）采集一些大小、深浅不一的树叶。

（2）根据树叶的特点自己创意构思一幅画面，可以是一种动物或一幕风景。树叶千姿百态，与很多物体的形状相似，只要打开思路，发挥你的想象，大胆地尝试，相信你一定会有非常有趣的创意的。

（3）按照构思把树叶粘在卡片上，还可以加上给宝宝的祝福语。这么别具一格的卡片，一定能让你把与胎宝宝共同度过的美好时光牢牢地锁在记忆中。

国学课堂

事如芳草春长在，人似浮云影不留。

人和芳草相比，并不会万古长春，应该珍惜现在。

第214~215天 多看看漂亮的宝宝

把漂亮宝宝的图片收集起来，全部贴在书房的墙上，一边欣赏一边期待自己也能生下同样漂亮的宝宝，这也是一种不错的胎教方法呢。

国学课堂

梅须逊雪三分白，雪却输梅一段香。

梅花虽逊让雪花三分晶莹洁白，雪花却输给梅花一份清香。

第216~217天 胎教故事：《月亮》

今晚的月亮又圆又亮，正巧位于井口上方，恰好投射在黑薄饼似的井水中央。此时此刻，老园丁正趁着明亮的月光灌溉花草。这幅景象我们从不错过，因为小果园和花园在一月的皎月之夜美丽无比，清凉的井水使花朵具有一种令人心灵平静的美，快乐而洁净的美。我儿子最先发现井中的月亮。我们把身子俯在苔藓和铁丝蕨丛生的井栏上往里探望，恨不能把手伸到那块由月光铸成的并非真实存在的金币上。但是听到园丁那刺耳的木屐声，我们只好稍稍离开些井口。

“胡安要打水浇花了……”

老园丁解开井绳，慢慢地把水桶钩起，把它送到井里。我们下意识地、怀着激动的心情重新俯向井栏。水桶已经提上来，水满满的，闪着光亮；水极清凉，黑水上荡着金色的水波。金水波间夹着银水波。井里的月亮不见了，只有无数根颤动的光线。园丁把月亮打碎了。他提着装满月光和水的水桶，像粗暴的上帝一样沿着小径扬长而去。而在黑水颤动的井里，白色的光线又慢慢凝聚成一枚金色的圆币。

国学课堂

近水楼台先得月，向阳花木易为春。

靠近水边的楼台因为没有树木的遮挡，能先看到月亮的投影；而迎着阳光的花木，光照自然好得多，所以发芽就早，最容易形成春天的景象。

第218天 孕妈妈插花，装扮温馨居室

插花艺术在孕妈妈中是很流行的，我们的孕妈妈也可以选择相关的课程学习一下。如果没有时间去上专门的课程，为了陶冶性情，也可以在家里尝试一下。

实施方法

孕妈妈可以在一间灯光柔和的房间里，尽量地放松自己，使自己的身体和精神都达到稳定的状态。选好自己喜欢的花朵和容器，根据自己的兴趣插出理想的效果，也可以参考一些专门的插花类书籍。

花儿与容器色彩搭配小妙招

就花材与容器的色彩配合来看，素色的细花瓶与淡雅的菊花有协调感；浓烈且具装饰性的大丽花，配釉色乌亮的粗陶罐，可展示其粗犷的风姿；浅蓝色水盂宜插低矮密集的粉红色雏菊或小菊；晶莹剔透的玻璃细颈瓶宜插非洲菊加饰文竹，并使其枝茎缠绕于瓶身。

国学课堂

绿杨烟外晓寒轻，红杏枝头春意闹。

描写春季来临，花儿竞相绽放的情景。一个“闹”字，使用拟人的手法生动表达了春回大地、柳绿花红、生机盎然的景态。

第219~220天 脑筋急转弯的游戏

又到孕妈妈和胎宝宝齐动脑的时间了，下面的脑筋急转弯简单有趣，来猜猜看吧。

题目

（1）小王是一名优秀的士兵，一天他在站岗值勤时，明明看到有敌人悄悄地向他靠来，为什么他却睁一只眼闭一只眼？

（2）两只狗赛跑，甲狗跑得快，乙狗跑得慢，跑到终点时，哪只狗出汗多？

（3）胖妞生病时，最怕别人探病时说什么？

（4）楚楚的生日在三月三十日，请问是哪年的三月三十日？

（5）三个孩子吃三个饼要用三分钟，九十个孩子吃九十个饼要用多少时间？

（6）你能做、我能做、大家都能做，一个人能做、两个人不能一起做。这是做什么？

（7）小红和小丽是同学，也住在同一条街，她们总是一起上学，可是每天一出家门就一个向左走，一个向右走，这是怎么回事呢？

（8）有一头头朝北的牛，它向右转在原地转三圈，然后向后转在原地转三圈，接着再向右转，这时候它的尾巴朝哪？

（9）为什么彤彤与壮壮第一次见面就一口咬定壮壮是喝羊奶长大的？

（10）哪里的佛像最少？

答案

（1）他正在瞄准。（2）狗不会出汗。（3）多保重身体。（4）每年的三月三十日。
（5）也是三分钟，九十个孩子同时吃。（6）做梦。（7）他们的家门是相对着的。
（8）朝地。（9）壮壮是一只羊。（10）南边，南无阿弥陀佛嘛。

国学课堂

春色满园关不住，一枝红杏出墙来。

满园春色却难以关住，你看一枝红杏探出墙头，不正在向人们炫耀着春天的美丽吗？

第221~222天 名曲欣赏：《摇篮曲》

这首《摇篮曲》就像一首抒情诗，孕妈妈的肚子就是胎宝宝的摇篮，轻轻抚摸胎宝宝，伴随着优美的音乐带他入眠吧。

这样听

晚上，听着这个旋律，会让自己和宝宝都平静下来，想象宝宝在摇篮里恬然安睡的模样，是不是感到很甜蜜呢？

勃拉姆斯创作的《摇篮曲》恬静、安详，表现了母亲的温柔和慈爱。这首《摇篮曲》与舒伯特的《摇篮曲》不同，伴奏部分没有像它一样模仿摇篮的摇动，而是描绘一种夜色朦胧的景象。听这首曲子好像使我们看到了一个年轻慈爱的母亲在月色朦胧的夜晚，借着月光轻声地在摇篮前吟唱。

关于这首曲子

这首常用于小提琴独奏的《摇篮曲》，原是一首通俗歌曲，作于1868年。原曲的歌词为“安睡安睡，乖乖在这里睡，小床满插玫瑰，香风吹入梦里，蚊蝇寂无声，宝宝睡得甜蜜，愿你舒舒服服睡到太阳升起”。相传作者为祝贺法柏夫人次子的出生，作了这首平易可亲、感情真挚的摇篮曲送给她。法柏夫人是维也纳著名的歌唱家，原名叫贝尔塔，1859年勃拉姆斯在汉堡时，曾听过她演唱的一首鲍曼的圆舞曲，当时勃拉姆斯深深地被她优美的歌声所感动，但由于种种原因，他俩未能结合，贝尔塔与他人结了婚，当他们的第二个孩子出世时，勃拉姆斯就作了这首曲子送给他们。他利用那首圆舞曲的曲调，加以切分音的变化，作为这首《摇篮曲》的伴奏，仿佛是母亲在轻拍着宝宝入睡。

国学课堂

小荷才露尖尖角，早有蜻蜓立上头。

小小的荷叶才露出尖尖的角儿，就有一只蜻蜓停歇在了上面。

第223~224天

名画欣赏：《墨葡萄图》

徐渭，中年学画，笔法潇洒，妙趣天成，比较擅长写意花鸟景物。

孕妈妈看看这幅画，水墨葡萄一枝，茂盛的叶子以大块水墨点成，串串果实倒挂枝头，鲜嫩欲滴，形象生动，是不是很诱人呀？

国学课堂

三万里河东入海，五千仞岳上摩天。

三万里黄河东流入大海，五千仞华山高耸接青天。

孕妈妈和胎宝宝

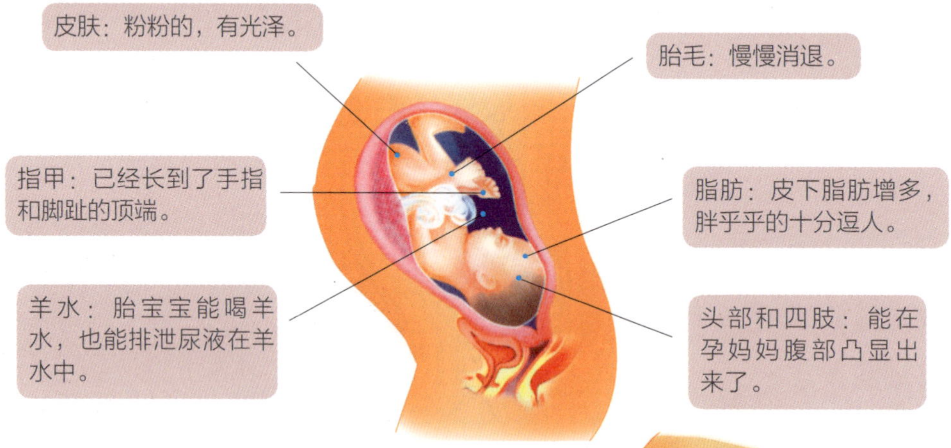

皮肤：粉粉的，有光泽。
胎毛：慢慢消退。
指甲：已经长到了手指和脚趾的顶端。
脂肪：皮下脂肪增多，胖乎乎的十分逗人。
羊水：胎宝宝能喝羊水，也能排泄尿液在羊水中。
头部和四肢：能在孕妈妈腹部凸显出来了。

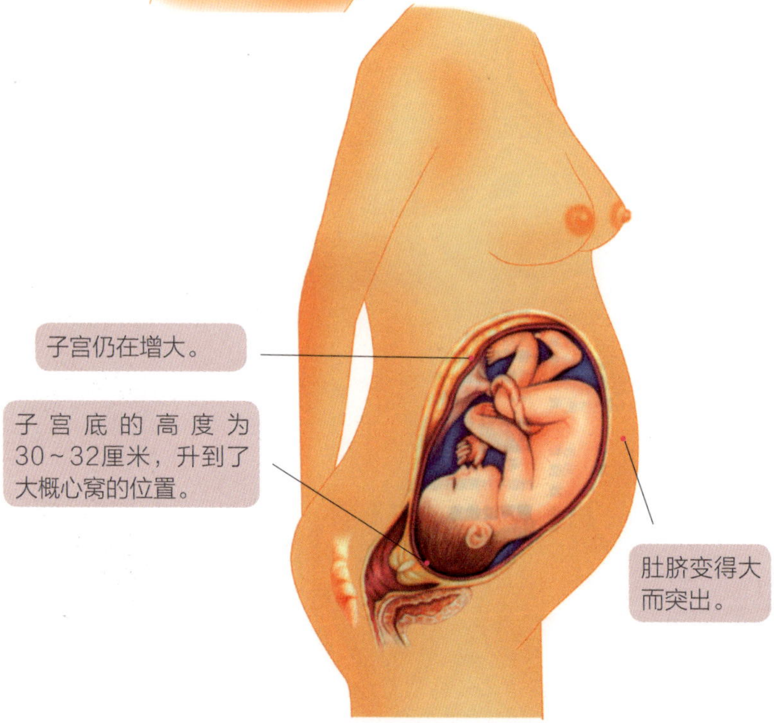

子宫仍在增大。
子宫底的高度为30～32厘米，升到了大概心窝的位置。
肚脐变得大而突出。

孕9月末期，胎宝宝的身长约45～48厘米，体重约2200～2500克，约为1个小西瓜的重量。

孕9月

一起放松心情

第225天 处于最后的冲刺阶段

孕妈妈健康生活馆

从现在开始，注意补充维生素C。维生素C能够帮助加固由胶原质构成的羊膜，在怀孕前和怀孕期间未能得到足够维生素C补充的孕妈妈容易发生羊膜早破。因此，孕妈妈在妊娠期间如果加量服用维生素C，可以降低她们在分娩时遇到的危险。

不少孕妈妈可能会发现自己很多东西都没有准备好，即使这样也不必过于着急。现在准备也是来得及的，可以列好清单一次性采购齐全。

完美准爸爸进修课堂

孕妈妈处在最后的冲刺阶段，心理和生理上都承受着巨大的压力，身体的不便又使得孕妈妈做很多事情都不如意，懒散又失望。这时候就是准爸爸发挥巨大安慰作用的时候了。

准爸爸要学习分娩知识，熟悉孕妈妈的身体变化，消除孕妈妈内心的顾虑，将信心和平静的心态传递给孕妈妈，让孕妈妈轻松、有信心地面对分娩。

孕9月饮食宜忌

✔

孕妈妈必须补充足够的铁质和钙质。孕期全程都需要补钙，但是，胎宝宝体内的钙一半是在最后两个月储存的，如果第9个月的钙质摄入量不足，胎宝宝就会动用母体骨骼中的钙质，这样容易影响孕妈妈的身体健康。

✘

本月，孕妈妈的身体需要脂肪，既为了支持体力，也是胎儿的大脑和神经系统发育所不可或缺的。但是摄入脂肪并不是多多益善，并且脂肪也有好坏之分。比如深海鱼类、坚果、橄榄油等中所含的脂肪就属于好脂肪，肉类脂肪也可提供部分人体所需要的脂肪。而一些加工食品中所含的脂肪则多为坏脂肪。

国学课堂

小楼一夜听风雨，深巷明朝卖杏花。

诗人只身住在小楼上，彻夜听着春雨的淅沥；次日清晨，深幽的小巷中传来了叫卖杏花的声音，告诉人们春已深了。

第226~227天 童话故事：《拇指姑娘》

拇指姑娘

从前有一个女人，她非常希望有一个丁点儿小的孩子。但是她不知道从什么地方可以得到。因此她就去请教一位巫婆。她对巫婆说：

“我非常想要有一个小小的孩子！你能告诉我什么地方可以得到一个吗？”

“嗨！这容易得很！”巫婆说。“你把这颗大麦粒拿去吧。它可不是乡下人的田里长的那种大麦粒，也不是鸡吃的那种大麦粒。你把它埋在一个花盆里，不久就可以看到你所要看的东西了。”

“谢谢您，”女人说。她给了巫婆三个银币。然后就回到家来，种下那颗大麦粒。不久以后，一朵美丽的大红花就长出来了。它看起来很像一朵郁金香，不过它的花瓣紧紧地包在一起，好像仍旧是一个花苞似的。

“这是一朵很美的花，”女人说，同时在那美丽的、黄而带红的花瓣上吻了一下。不过，当她正在吻的时候，花儿忽然劈啪一声，开放了。人们现在可以看出，这是一朵真正的郁金香。但是在这朵花的正中央，在那根绿色的雌蕊上面，坐着一位娇小的姑娘，她看起来又白嫩，又可爱。她还没有大拇指的一半长，因此人们就将她叫做拇指姑娘。

拇指姑娘的摇篮是一个光得发亮的漂亮胡桃壳，她的垫子是蓝色紫罗兰的花瓣，她的被子是玫瑰的花瓣。这就是她晚上睡觉的地方。但是白天她在桌子上玩耍——在这桌子上，那个女人放了一个盘子，上面又放了一圈花儿，花的枝干浸在水里。水上浮着一起很大的郁金香花瓣。拇指姑娘可以坐在这花瓣上，用两根白马尾作桨，从盘子这一边划到那一边。她还能唱歌，而且唱得那么温柔和甜蜜，从前没有任何人听到过。

人们都十分喜爱美丽快乐的拇指姑娘，她过着幸福的生活……

国学课堂

纸上得来终觉浅，绝知此事要躬行。

从书本上得到的知识毕竟比较肤浅，要透彻地认识事物还必须亲自实践。

第228~229天 儿歌：《小公鸡》

这首《小公鸡》再简单不过了，只要学会两个小节，整首歌就都会唱了，有趣又好听，孕妈妈快带着胎宝宝唱唱看吧。

小公鸡

1=F 2/4
俄罗斯民谣
克拉谢夫 改编
小公鸡，小公鸡，金鸡冠，真美丽，头上发光
亮晶晶，身上穿着五彩衣。为什么
渐慢
清早起，大声叫喔喔啼，吵醒了小弟弟。

国学课堂

物是人非事事休，欲语泪先流。

风物依旧是原样，但人已经不同，一切事情都完了，想要诉说苦衷，眼泪早已先落下。

第230~231天 放松肌肉的保健操

孕妈妈沉重的身体加重了下肢的负担，学习一些放松下肢肌肉的方法，可以让自己的身体更加舒适。同时这也是放松精神的一种手段，要告诉自己：爱运动的妈妈才有更健康的宝宝。

可以利用闲暇时间来进行肌肉放松，当你在花园散步、马路上行走、床上休息时都可以抓紧时间做相应的练习。

精神的松弛法

精神上的松弛是肌肉松弛的先导。如果想松弛身体，要先摒除杂念，使情绪平静下来。操作方法为：缓慢地、均匀地呼吸，每一次吸气、呼气都要轻，不要太用力，要匀、细、绵、长。

肌肉的松弛法

孕妈妈先仰卧，然后用几个枕头把肩背部及膝关节垫高，要做到使自己感到舒适。全身各个部分的肌肉轮流进行收紧和放松，可以从脚趾开始。

大腿肌肉练习法

怀孕期间孕妈妈的大腿要承受增加了胎宝宝重量的上半身的压力，能否使下半身的血液顺利回流、减少下肢水肿的程度，都取决于大腿的功能状态。因此可以通过每天适当步行来活动大腿，不要只是坐着或躺着。

按摩松弛法

（1）屈膝坐好，用两只手捏住左脚，两手的大拇指放在脚背上。将两个大拇指并齐，沿两根脚趾骨的骨缝向下按摩。按摩2～3分钟后换另一只脚。

（2）盘腿坐好，抬起左脚，将右手的四根手指（除大拇指外）从左脚的脚底方向全部插进脚趾缝里，刺激脚趾缝。做1分钟左右，然后换另一只脚。

国学课堂

但愿人长久，千里共婵娟。

只愿互相思念的人能够天长地久，即使相隔千里，也能通过月光来传递思念，共享这美丽的月光。

第232天 感受不同风格的音乐

许多人认为孕妈妈听的音乐应该以轻柔的为主，实际上，音乐可以更加多元化。因为，不同的旋律、不同的节奏会带给胎儿不一样的感受和影响。欢快的、沉静的、梦幻的、激情的、淳朴的……不同演奏形式、不同艺术风格的乐曲，可以让胎宝宝在广阔丰富的音乐海洋中自在畅游，汲取营养，培育艺术潜质。

推荐给孕妈妈的十首乐曲

《彼得与狼》——普罗科菲耶夫　这首曲子可以鼓励孕妈妈，做一个勇敢、坚强的母亲，也可以用来教育胎宝宝要勇敢。

e小调第九交响曲《自新大陆》第二乐章——德沃夏克　这首曲子朴实可爱，令人回味无穷，可以帮助孕妈妈抚平焦躁的心情。

《杜鹃圆舞曲》——约纳森　这首曲子清新、流畅、充满生机，特别适合在早晨睡醒后倾听。

《培尔·金特》组曲中的《在山魔王的宫殿里》——格里格　这首曲子节奏感很强烈，充满激情，孕妈妈可以感受其中的力度与节奏。

《梦幻曲》——罗伯特·舒曼　这首曲子自然、清丽、流畅，孕妈妈可以仔细地感受一下。

《维也纳森林的故事》——约翰·施特劳斯　这首曲子优美动人，可以让孕妈妈感受到春天早晨的气息。

F大调第六号交响曲《田园》——贝多芬　这首曲子细腻动人、朴实无华、宁静安逸，孕妈妈可以沉浸其中享受宁静。

《拉德斯基进行曲》——老约翰·施特劳斯　这首曲子旋律欢快，节奏感强，孕妈妈可以在激情澎湃中感受无限活力。

《摇篮曲》——勃拉姆斯　这是妈妈哄宝宝入睡的乐曲，节奏简单轻柔，像一首抒情诗，孕妈妈可以在乐曲声中与胎宝宝说说话。

小提琴协奏曲《四季·春》——维瓦尔第　春的旋律轻快愉悦，孕妈妈可以从中体会到一片春意盎然。

国学课堂

旧书不厌百回读，熟读深思子自知。

经典的书读百回都不觉得厌倦，意思深长，要多读、熟读，仔细玩味，才能了解和体会书中的真谛。

第233~234天 大诗人李白的名字是怎么来的

今天，准爸爸来给宝宝讲一讲李白的故事。李白是我国唐代非常著名的大诗人，而且李白这个名字非常特别，那么这个名字是怎么来的呢？

据说李白周岁抓周时，抓了一本《诗经》。他父亲很高兴，认为儿子长大后可能成为有名的诗人，就想为李白取一个好名字，以免后人笑自己没有学问。由于他对给儿子起名十分慎重，越慎重就越想不出来，直到儿子七岁，还没想出合适的名字。

那年春天，李白的父亲对妻儿说："我想写一首春日绝句，我只写两句，你们母子俩一人给我添一句，凑合凑合。一句是'春风送暖百花开'，一句是'迎春绽金它先来'。"母亲想了好一阵子，说："火烧杏林红霞落。"

李白等母亲说罢，不假思索地向院中盛开的李树一指，脱口说道："李花怒放一树白。" 父亲一听，拍手叫好，果然儿子有诗才。他越念心里越喜欢，念着念着，忽然心想这句诗的开头一字不正是自家的姓吗？这最后一个"白"字用得真好，正说出一树李花圣洁如雪的景象。于是，他就给儿子起名叫李白。

这个故事是不是很有意思？七岁的小李白就如此才华横溢，与他爸爸妈妈的重视和教育肯定分不开。他们如此重视儿子的名字，那么我们的准爸爸和孕妈妈想好宝宝的名字了吗？如果你的宝宝名字也有一个出处或有一个渊源，是不是更有意义，更能让人记住呢？对自己宝宝满怀期待的准爸爸和孕妈妈也来运用你们的智慧和学识，为胎宝宝取一个很棒的名字吧！

国学课堂

不识庐山真面目，只缘身在此山中。

认不清庐山本来的面目，因为自己在庐山里。

第235~236天 戏曲欣赏：《天上掉下个林妹妹》

今天，孕妈妈和胎宝宝一起来欣赏中国第二大剧种——越剧的名段《天上掉下个林妹妹》。

越剧长于抒情，以唱为主，声腔清幽婉丽、优美动听，表演真切动人，极具江南灵秀之气。这段《天上掉下个林妹妹》讲述的是黛玉刚来到贾府，看到“还愿”归来的宝玉，在相互见礼中，两人互相印象表述的精彩唱段。

这段婉转悠扬的唱段会让孕妈妈的心情得到放松，也是很好的胎教音乐素材。

宝玉：
天上掉下个林妹妹，
似一朵轻云刚出岫。
黛玉：
只道他腹内草莽人轻浮，
却原来骨骼清奇非俗流。
宝玉：
娴静犹如花照水，
行动好比风扶柳。
黛玉：
眉梢眼角藏秀气，
声音笑貌露温柔。
宝玉：
眼前分明外来客，
心底却似旧时友。

国学课堂

不畏浮云遮望眼，只缘身在最高层。

不怕会有浮云遮住了远望的视线，只因为人已经站在山的最高峰了。

第237~238天 古诗欣赏：《采莲曲》《清平调（其一）》

唐代是中国古代诗歌的鼎盛时期，李白是豪放派诗人的代表，王维是田园派诗人的代表。二人的诗歌以其独特的魅力让后人久久徜徉在诗歌的无边海洋中。

渭川田家

斜光照墟落，穷巷牛羊归。
野老念牧童，倚杖候荆扉。
雉雊麦苗秀，蚕眠桑叶稀。
田夫荷锄至，相见语依依。
即此羡闲逸，怅然吟式微。

——王维

赏析

这首诗是描写田家闲逸的。诗人面对夕阳西下、夜幕降临、恬然自得的田家晚归景致，顿生羡慕之情。开头四句，写田家日暮时的闲逸景象。五、六两句写农事。七、八两句写农夫闲暇。最后两句写因闲逸而生羡情。全诗用白描手法，描绘了渭河流域初夏乡村的黄昏景色，清新自然，诗意盎然。

清平调 其一

云想衣裳花想容，
春风拂槛露华浓。
若非群玉山头见，
会向瑶台月下逢。

——李白

赏析

《清平调》共三首，是李白在长安时奉唐明皇之旨所作。 这第一首，是以牡丹花比贵妃的美艳。诗人采用云、花、露、群玉山、瑶台、月色作比，赞美了贵妃的美丽姿容，生动而不露痕迹。

国学课堂

等闲识得东风面，万紫千红总是春。

随意地就认识了东风的面目，这万紫千红的景象都是由春光点染而成的。

第239天 剪纸欣赏：十二生肖（四）

今天，我们继续来欣赏生肖剪纸。孕妈妈先来猜一猜下面的生肖都是什么吧！呵呵，没错，就是鸡、狗和猪。给胎宝宝描述一下它们的体型、色彩和花纹，并讲一讲它们的故事吧。

鸡：温和、谦虚、谨慎、恒定
狗：忠诚、正直、聪颖、可敬
猪：随和、逸乐、真挚、诚实

国学课堂

以其人之道，还治其人之身。

用那个人对付别人的办法返回来对付那个人自己。

第240~241天 按摩改善记忆、缓解压力

提高记忆力的按摩法

临近分娩的孕妈妈会感到诸多不适，精神状态也会受到一些影响，你可能会发现自己似乎变“笨”了，经常丢三落四，反应也变慢了。不要担心，很多孕妇都会出现这种状况，按照以下方法按摩，有助于提高记忆力和思考能力。

1．在脚底的涌泉穴（如图1所示）上用大拇指按2～3次，每次4秒钟。

2．用一只手从脚腕出发向膝盖方向按摩，就好像要让血液向上流动一样。两手交叉对两条腿分别进行这种按摩，持续1～2分钟。

3．用拇指和食指捏住位于大脚趾上的大脑反射区（如图2所示），然后用转圈的方法进行按摩，重复2次。

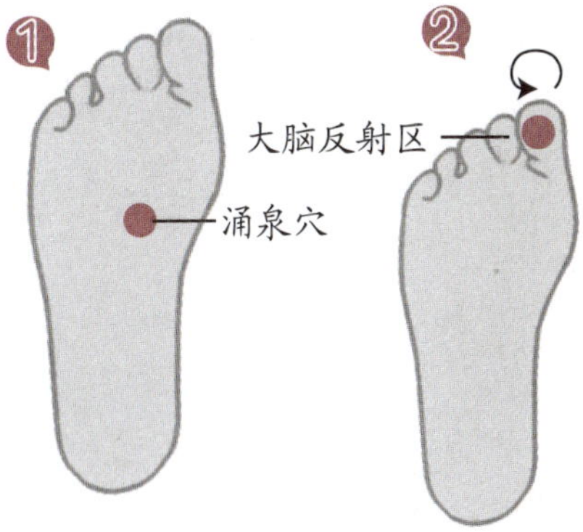

缓解压力的按摩法

身体变重使得孕妈妈很难睡得安稳，情绪波动也会比较大。按照下面的方法进行按摩，有助于减轻心理压力。

1．在小肠反射区从上向下进行滑动摩擦，重复4～5次。

2．在脚后跟部位的生殖腺反射区上用画圈的方式进行按摩，重复2次。

3．用一只手抓住自己的脚，另一只手将五个脚趾一起向后扳。

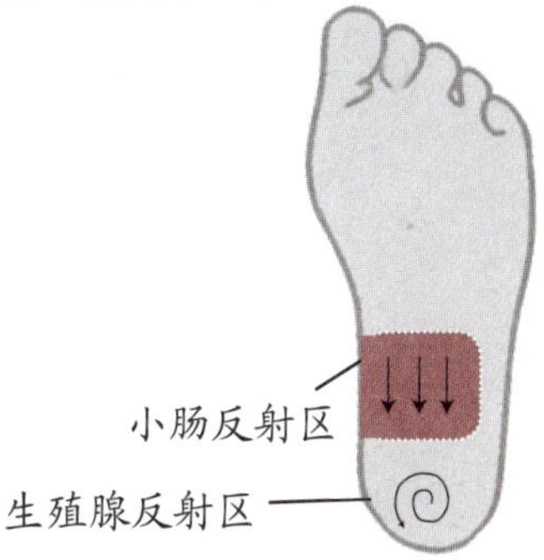

国学课堂

循序而渐进，熟读而精思。

读书要扎扎实实打好基础，不可囫囵吞枣，急于求成，既要熟读成诵，又要精于思考。

第242~243天 带着胎宝宝看《龙猫》吧

这部动画电影非常适合全家人一起观看，它可以唤醒自己童年时的记忆和梦想，使你和胎宝宝的心灵更加相通。

龙猫的故事

小女孩小月和妹妹小梅跟随爸爸搬入乡下新居，澄清的小河、茂密的森林、广阔的田野，住在其中的人、鸟、兽、昆虫，夏天的闷热、大雨、突然刮起的劲风、可怕的黑夜……龙猫的故事就在这样优美而充满魔幻现实主义风格的田园风光中展开。这部影片为孩子们编织出了一个纯真而快乐的梦想，让他们在生机蓬勃的大自然中奔跑、飞翔，传递出作者美好的心声。

宫崎骏创作《龙猫》

“在我们乡下，有一种神奇的小精灵，他们就像我们的邻居一样，在我们身边嬉戏、玩耍，但是普通人是看不到他们的，据说只有小孩子纯真无邪的心灵可以捕捉到他们的形迹。如果静下心来倾听，从风声里可以隐约听到他们奔跑的声音。”

这是影片的创作者宫崎骏幼年时在家乡听到的传说，年少的他也曾经在草丛中寻觅龙猫的踪迹。那段在乡下度过的美好时光，始终让成年后投身于动画事业的他念念不忘。在这段为孩子们编织精巧美梦的感召下，《龙猫》被创作出来了。

准爸妈看了这部影片，是不是也想和孩子们一起去听听大自然的声音？说不定你也可以听到身旁龙猫的呼吸呢……

可爱的小梅和善良的大龙猫在一起，这么有趣的故事，孕妈妈一定要和胎宝宝一起欣赏哦！

国学课堂

鉴前世之兴衰，考当今之得失。

以历代兴亡的历史作为镜子，来考察当今的利弊得失。

第244~245天 悦耳的童谣

离胎宝宝降临的日子越来越近，孕妈妈继续为胎宝宝读点好听悦耳的童谣，让胎宝宝快乐地听着妈妈的声音，从而培养语言的潜能吧。

两只小兔

两只小白兔，
上山采蘑菇，
碰见只小鹿，
正在种萝卜，
红萝卜，白萝卜，
馋得小兔拍肚肚，
小鹿拔萝卜，
送给小白兔，
小兔吃萝卜，
忘了采蘑菇。

补鼓？补虎？

一面小花鼓，
鼓上画老虎，
小槌敲破鼓，
妈妈用布补，
不知是布补鼓，
还是布补虎？

糊灯笼

红红糊个红粉灯笼，
芬芬糊个粉红灯笼。
红红糊完红粉灯笼糊粉红灯笼，
芬芬糊完粉红灯笼糊红粉灯笼。

国学课堂

兼听则明，偏信则暗。

多方面听取意见才能辨明是非得失；只听一方面的意见，就信以为真，往往会作出错误的判断。

第246天 营养胎教：要摄取足够的膳食纤维

进入孕9月，孕妈妈的便秘可能更严重了，甚至有的孕妈妈还会出现痔疮。这是因为孕妈妈的活动不断减少，致使肠胃的蠕动也相应减少，食物残渣在肠内停留时间过长，从而造成便秘。

所以，孕妈妈更要注意膳食纤维的摄取，以促进肠道蠕动。全麦面包和芹菜、胡萝卜、白薯、土豆、豆芽、菜花等新鲜蔬菜都含有丰富的膳食纤维，适当的户外运动也是有效预防便秘的办法。另外，孕妈妈要养成定时排便的好习惯。

下面介绍两道富含膳食纤维的美味菜，准爸爸可以给孕妈妈做来尝尝。

黑木耳炒黄瓜

材料 黄瓜250克，水发黑木耳100克。

调料 红辣椒、葱末、盐、味精、香油、清汤、水淀粉、植物油各适量。

做法

1 水发黑木耳择洗干净，撕成小朵；黄瓜洗净，切片；红辣椒洗净，去蒂及子，切片。

2 炒锅置火上，倒入植物油烧热，放葱末煸香，然后放入黄瓜片、黑木耳煸炒。

3 最后调入盐、味精、红辣椒片及适量清汤，翻炒至黑木耳、黄瓜熟软入味，再用水淀粉勾芡，淋上香油即可。

蒜蓉西蓝花

材料 西蓝花400克，大蒜20克。

调料 盐、植物油各适量。

做法

1 西蓝花洗净，掰成小朵，沥干。

2 蒜去皮，洗净，剁成蒜蓉。

3 锅置火上，放入植物油烧热，放入蒜蓉爆香。

4 加入西蓝花略炒，加盐调味，放少许水，炒至变软即可。

国学课堂

衣带渐宽终不悔，为伊消得人憔悴。

为某个人或某件事情相思，折磨得瘦了好几圈，却终究不后悔。

第247~248天 运动胎教：放松、适度的活动

运动的时间

早上、晚上都可以，拿出20分钟就够了。

运动的过程

戴上耳机，调暗灯光，坐在舒适的椅子上或躺在床上，平静一会儿，脑子里什么都不想。孕晚期的孕妈妈可以用垫子支撑着腹部而侧卧。

伸展脚趾，感到牵拉力时慢慢放松，再上下摇动几下。

用力绷紧两膝和大腿肌，保持几秒钟，然后放松，让大腿向两侧摆动。

绷紧腹肌，给胎宝宝一个大的紧缩力，然后尽量放松，这样能让胎宝宝的活动空间加大。

握拳，保持一段时间，然后再松开手指。

尽量向上提肩，保持一段时间后再放下，反复进行，使双肩得到放松和休息。

深呼吸，体会身体的感觉，这样可以让胎宝宝在越来越拥挤的空间里得到更多的氧气。

国学课堂

祸患常积于忽微，而智勇多困于所溺。

那些大祸常常是因为不注意小事造成的，而能干的人也是被自己所喜爱的东西所困。

第249~250天 名曲欣赏：《春》

音乐欣赏的时间又到了，带着胎宝宝在乐曲的海洋中尽情畅游吧。

怎么听

在早晨起床之后，或者感到无聊的时候，开启这段音乐，让它带着你愉快地轻轻起舞吧。

这是一首非常好听的小提琴曲。乐曲描绘了一幅春临大地的画面，画面中众鸟欢唱，和风吹拂，溪流潺潺，仙女和牧羊人随着风笛愉悦的旋律，在草原上婆娑起舞，多么美好呀！孕妈妈也可以一边轻轻拍打胎宝宝，一边随着音乐的节拍微微晃动身体，并展开想象的翅膀，将头脑中的画面通过意念传递给胎宝宝，这样也可以让自己的心情随着旋律变得放松。

关于这首曲子

这首《春》是意大利著名作曲家维瓦尔第创作的小提琴协奏曲《四季》当中的一个乐章，这部协奏曲也是维瓦尔第最著名的作品，其中的旋律至今仍长盛不衰。这部作品画意盎然，能给人带来非常丰富的联想，非常适合作为胎教音乐。

关于维瓦尔第

维瓦尔第是巴洛克时期意大利著名的作曲家、小提琴家。自幼学习小提琴与作曲，1714年起任威尼斯贫女音乐学校教师及乐长。除创作了大量由一把小提琴及乐队来演奏的小提琴协奏曲外，还作有不少用两至四把小提琴或木管乐器来演奏的协奏曲等，以富有民间色彩和生活气息而著称。

国学课堂

忧劳可以兴国，逸豫可以亡身。

忧虑劳苦才可以振兴国家，贪享安逸必定祸害终身。

第251~252天 名画欣赏：《向日葵》

梵·高是荷兰后印象派画家，是表现主义的先驱。

今天，孕妈妈来欣赏一下梵·高的代表作《向日葵》吧！

梵·高的《向日葵》是由绚丽的黄色色系组合而成的，那浓烈的黄色调是光明和希望的象征。在画中，每朵花如燃烧的火焰一般，细碎的花瓣和葵叶如同火苗一样布满画面，让整幅画犹如燃遍画布的火焰，显出画家的生命激情。

孕妈妈快来试着感受作品带来的光明和希望吧！

国学课堂

醉翁之意不在酒，在乎山水之间也。

醉翁的情趣不在酒上，而在秀丽的山水之间。

孕妈妈和胎宝宝

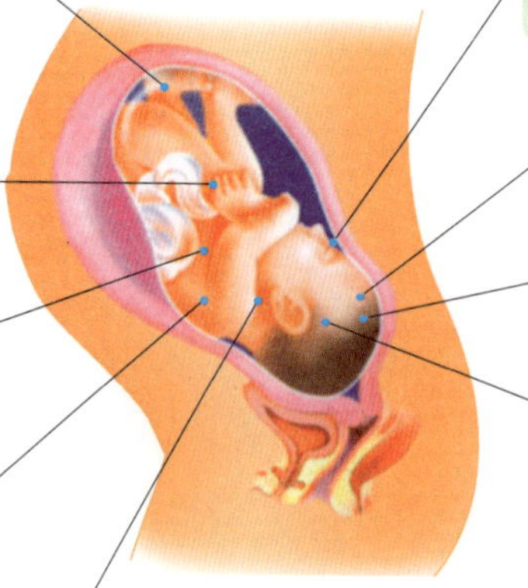

脚：足底布满纹理。
眼睛：活动协调，视力增加。
指甲：超过指尖。
大脑：发育完善。
头发：长2~3厘米。
皮肤：褶皱消失，肤色呈淡红色。
胎头：开始或已经进入孕妈妈的骨盆入口或骨盆中。
形体：皮下脂肪增多，身体胖胖的。
胎脂：布满全身。

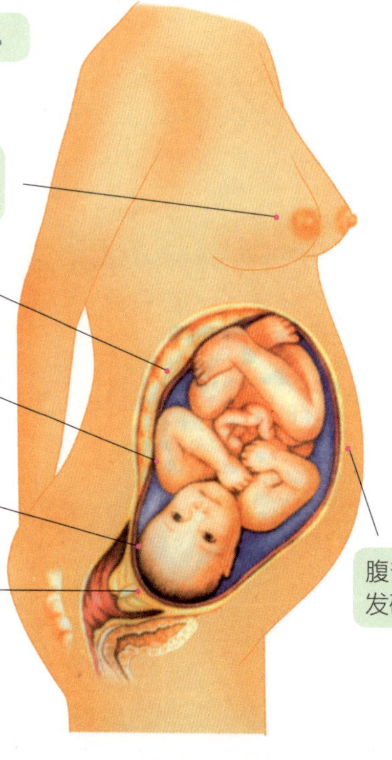

乳腺扩张明显，溢出更多的乳汁。
羊水浑浊，呈乳白色。
子宫颈和阴道变软，和骨盆关节、韧带一起做好了分娩的准备。
胎宝宝入盆，宫底下移。
子宫底的高度在32~34厘米之间。
腹部紧绷、发硬。

孕10月末期，胎宝宝的身长约50厘米，体重2700~3400克，约为2个哈密瓜的重量。

孕10月

妈妈，我们就要见面了

第253天 迎接小天使的到来

孕妈妈健康生活馆

有的孕妈妈会比预产期提前或推迟2周分娩，这都是正常的，不必过于紧张。

由于有早产的可能，所以应提前准备好要带去医院的物品：保暖厚袜子、睡衣、外衣、喂奶大罩衫、内衣内裤、授乳胸罩、卫生巾、拖鞋、洗漱用具、小食品等。

完美准爸爸进修课堂

在这最后的时刻，孕妈妈难免会有紧张的情绪，甚至会对即将到来的分娩感到恐惧，这时就需要准爸爸给予孕妈妈更多的鼓励和勇气，让孕妈妈放轻松。

准爸爸要随时和孕妈妈保持联系，确保在孕妈妈需要的时候第一时间来到孕妈妈的身边。

孕10月饮食宜忌

恭喜孕妈妈，终于到了怀孕的最后一个月。饮食上，以口感清淡、容易消化为最佳，多吃一些对分娩有补益作用的食物，如圆白菜、紫甘蓝、麦片和全麦面包等，能获得维生素K，可帮助血液凝结；多吃豆类、糙米、牛奶等，能补充维生素B_1，避免产程过长。

分娩时，孕妈妈可以准备一些巧克力。巧克力含有丰富的营养，每100克巧克力含碳水化合物55～66克，脂肪28～30克，蛋白质约15克，还含有矿物质、钙、维生素B_2等。巧克力中的碳水化合物能够迅速被人体吸收利用，增加能量。

这个月即使胃口很好，也不要吃得过多，注意营养均衡，避免因为胎宝宝过大和孕妈妈体重过分增加带来的不良影响。孕妈妈的体重以每周增加300克为宜。

国学课堂

先天下之忧而忧，后天下之乐而乐。

在天下人忧愁之前就忧愁，在天下人快乐之后才快乐。

第254~255天 早早准备好待产包

为了顺利分娩，孕妈妈要和家人一起在分娩前准备好待产包，一旦需要，拎包就走，避免临时手忙脚乱。

必备钱物

1.现金与医保卡 一般的医院，顺产费用为1400～2000元，剖宫产费用为4000～5000元，为了应急需要，你可以多准备1000元。如果有医保卡，要记得与钱放在一起。

2.检查单据 它可以及时向医护人员反映孕妈妈的身体状况、胎盘功能及胎儿情况，以提前做好应对各种突发情况的准备。检查单据包括围保本（记录整个孕期妈妈和宝宝的健康状况）、B超、心电图等怀孕期间的全部检查单据。

3.证件 夫妻双方的身份证、户口本、结婚证及宝宝的准生证等。

妈妈的生活用品

1.餐具1套 餐盒、勺子、筷子、洗涤灵。

2.洗漱用品 牙膏、软毛牙刷、漱口杯一套；脸盆3个：洗脸1个，洗脚1个，洗下身1个；毛巾4条：热敷乳房1条，洗脸1条，洗脚1条，洗下身1条。

3.衣服和帽子 出院时需要穿戴。

4.拖鞋 产妇在分娩后需要一双舒服的鞋子。

5.收腹带 特别是剖宫产的产妇，收腹带可以避免伤口裂开，很有必要。

6.水杯和吸管 方便孕妇饮水。

7.产妇专用坐垫 可以保护产妇生产时受伤的会阴部位。

妈妈的哺乳用品

1.哺乳衫 应选择前开襟的衣服，方便妈妈喂奶。

2.哺乳期专用胸罩 应选择全面无钢架设计，可以防止产后乳房下垂。

3.乳垫 可以吸收溢出的乳汁，至少要准备两对，以便换洗。

4.靠垫 让孕妈妈舒服地靠在上面喂奶。

5.消毒湿巾 在喂奶前后，用不含酒精的消毒湿巾清洁乳房、乳头。

国学课堂

海阔凭鱼跃，天高任鸟飞。

大自然的广阔无边为鱼跃鸟飞提供了宽广的空间，引申为替人才提供施展才华的空间是多么重要，也可以理解为拥有自由是多么可贵。

第256~257天

书法欣赏：郑板桥作品

今天，孕妈妈来欣赏一下著名书画家郑板桥的书法作品吧。

郑板桥号称“诗书画三绝”，在诗、书、画方面独树一帜。书画以“清、劲、怪”流传甚广，给了后人很独特的美学启示。郑板桥的书法独创一体，字体变化多端，章法诡谲有致，摇曳多姿，是书中瑰宝。

现在，孕妈妈就来感受一下其中的魅力吧，这种对美的体味也会潜移默化地提升胎宝宝的欣赏水准。

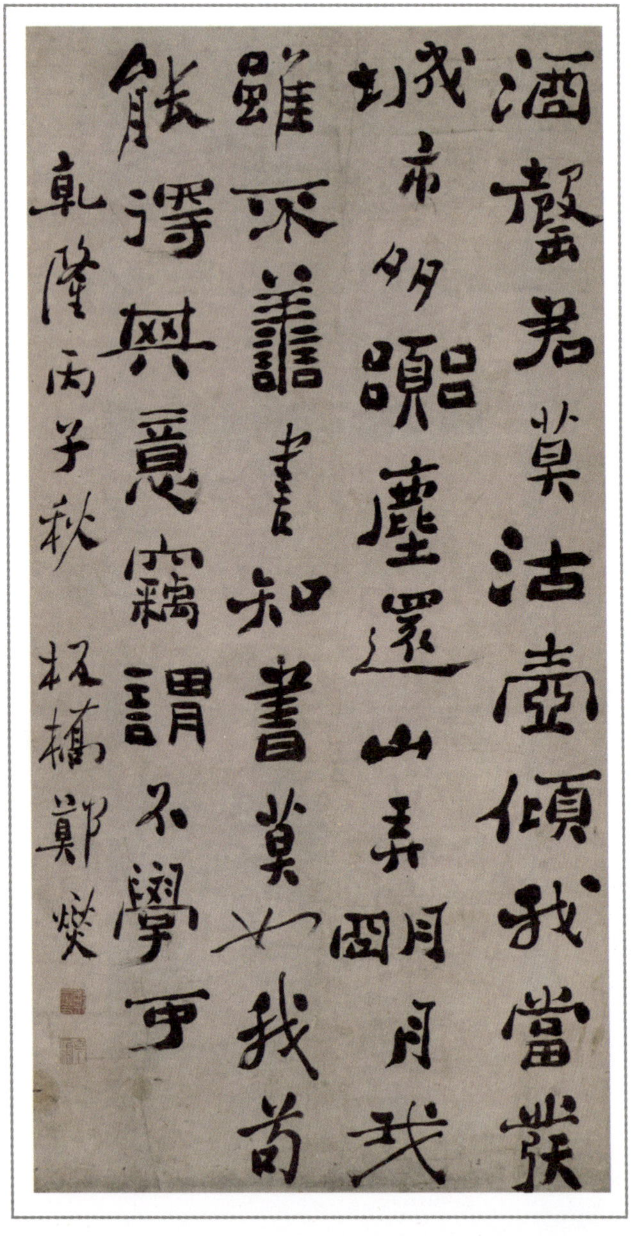

国学课堂

历鉴前朝国与家，成由勤俭败由奢。

尽看前朝旧事，成功来自于勤俭节约，而奢侈浪费最终会导致国破家亡。

第258~259天 诗歌：《我沿着初雪漫步》

《我沿着初雪漫步》这首诗是俄罗斯田园派诗人叶赛宁的作品，表达了他对雪和大自然的热爱和感叹。孕妈妈可以将这首诗充满感情地读给胎宝宝听，并描绘其中美丽的自然景观，告诉他自然界的美好。

我沿着初雪漫步，
心中的力量勃发像怒放的铃兰，
在我的道路上空，
夜晚把蓝色小蜡烛般的星星点燃。
我不知道那是光明还是黑暗，
密林中是风在唱还是公鸡在啼？
也许田野上并不是冬天，
而是许多天鹅落到了草地。
啊，白色的镜面的大地，你多美！
微微的寒意使我血液沸腾！
多么想让我那炽热的身体，
去紧贴白桦袒露的胸襟。
啊，森林的郁郁葱葱的浑浊！
啊，白雪覆盖的原野的惬意！
多想在柳树的枝杈上，
也嫁接上我的两只手臂。

——叶赛宁

国学课堂

溪云初起日沉阁，山雨欲来风满楼。

乌云开始从皤溪上起来，太阳从西城外的慈福寺阁后沉落下去。周围的群山雨意越来越浓，大雨即将到来，城楼上已是满楼的狂风。

第260天 为宝宝介绍一下家庭成员吧

胎宝宝就要出生了，提前和推后的时间在两周之内都属于正常范围。孕妈妈可以利用临产前的时间来为宝宝介绍家庭成员，让他提前感受大家庭的温暖。

实施方法

孕妈妈可以一边轻轻抚摸肚子，一边对他说："宝贝，妈妈来给你介绍一下咱们这个大家庭的成员：这是爷爷、奶奶——他们是爸爸的爸爸和妈妈。他们很慈祥，一定会很疼你的。这是姥爷、姥姥——他们是妈妈的爸爸和妈妈。他们很和蔼，非常关心你。还有和你朝夕相处的爸爸和我。你很幸福，有这么多人爱你，希望你健康快乐地来到我们身边。"孕妈妈还可以根据不同的情况，把每个人介绍得更详细些，可以包括职业、性格、爱好、外表等。

快乐一家人的合影

国学课堂

日出江花红胜火，春来江水绿如蓝。

太阳出来以后，江岸边的花儿比火还红；春天到了，江水绿得胜过了蓝草。

第261~262天 健脑益智的数独游戏

又到了动脑筋做数独的时间了，现在孕妈妈已经相当有经验了，所以我们这次可以尝试稍微难一些的题目，现在就开始吧！

数独三

9		1						
2	4		6					5
				7			6	
				5		6		
			9	2		8		4
3						5		2
			7			2		
	8			3				9
		9			5		4	

数独二答案

4	7	1	5	3	8	2	6	9
6	2	3	1	7	9	8	4	5
9	5	8	6	2	4	3	1	7
7	6	4	8	5	2	1	9	3
5	8	9	3	1	6	4	7	2
3	1	2	4	9	7	5	8	6
2	9	5	7	8	1	6	3	4
8	3	6	9	4	5	7	2	1
1	4	7	2	6	3	9	5	8

（答案见45页）

国学课堂

山不在高，有仙则名；水不在深，有龙则灵。

山不一定要高，有仙人居住就成为名山了；水不一定要深，有蛟龙存在就成为灵异的水了。

第263~264天 散文欣赏：《荷叶母亲》

已经度过很长一段孕期生活的孕妈妈为胎宝宝付出了很多，你的付出是令人感动的。今天，孕妈妈来给胎宝宝读一篇歌颂母爱的散文吧，告诉胎宝宝说："妈妈会像文中的荷叶一样默默守护着你，你一定要快快乐乐、健健康康地来到妈妈的怀抱。"

父亲的朋友送给我们两缸莲花，一缸是红的，一缸是白的，都摆在院子里。

八年之久，我没有在院子里看莲花了——但故乡的园院里，却有许多；不但有并蒂的，还有三蒂的、四蒂的，都是红莲。

九年前的一个月夜，祖父和我在园里乘凉。祖父笑着和我说："我们园里最初开三蒂莲的时候，正好我们大家庭中添了你们三个姊妹。大家都欢喜，说是应了花瑞。"

半夜里听见繁杂的雨声，早起是浓阴的天，我觉得有些烦闷。从窗内往外看时，那一朵白莲已经谢了，白瓣儿小船般散飘在水里。梗上只留个小小的莲蓬，和几根淡黄色的花须。那一朵红莲，昨夜还是菡萏[①]的，今晨却开满了，亭亭地在绿叶中间立着。

仍是不适意！——徘徊了一会儿，窗外雷声作了，大雨接着就来，愈下愈大。那朵红莲，被那繁密的雨点，打得左右攲斜[②]。无遮蔽的天空之下，我不敢下阶去，也无法可想。

对屋里母亲唤着，我连忙走过去，坐在母亲旁边—— 一回头忽然看见红莲旁边的一个大荷叶，慢慢地倾侧了下来，正覆盖在红莲上面……我不宁的心绪散尽了！

雨势并不减退，红莲却不摇动了。雨点不住地打着，只能在那勇敢慈怜的荷叶上面，聚了些流转无力的水珠。

我心中深深地受了感动——

母亲啊！你是荷叶，我是红莲，心中的雨点来了，除了你，谁是我在无遮拦天空下的荫蔽？

冰心　一九二二年七月二十一日

注释：

①菡萏（hàn　dàn）：荷花的别称，古人称未开的荷花为菡萏，即花苞。

②攲斜（qī xié）：倾斜，歪斜。

国学课堂

谈笑有鸿儒，往来无白丁。

到这里谈笑的都是渊博的大学者，交往的没有知识浅薄的人。

第265~266天 给宝宝说说生活用品的名字

经常与胎宝宝说话，能让胎宝宝对爸爸妈妈的声音印象深刻。在这一时期，宝宝的记忆力已经形成了，今天爸爸妈妈就来教胎宝宝认识各种物品吧。

爸爸妈妈把各种物品的名称告诉胎宝宝，如早餐吃的食物、桌子上放的本子和笔、茶几上的水果、红色的沙发、路边的花朵……就能起到良好的胎教效果。

在这个阶段无论宝宝接触了什么，学习了什么，请你都不要吝惜使用“宝宝好棒”这样的赞美之词。

临近分娩，孕妈妈可能会产生一种不安的感觉，这时应尽量去传达一些与顺产有关的期望，例如“我们的宝宝一定能顺利降临”，用这样的语句来鼓励宝宝吧。

胡萝卜 →

餐具 →

茶壶 →

梳子 →

花洒 →

国学课堂

旧时王谢堂前燕，飞入寻常百姓家。

当年豪门檐下的燕子啊，如今已飞进寻常百姓家里。从侧面暗示了乌衣巷的衰落。

第267天 营养胎教：孕妈妈吃点催产菜

快要进入产房了，孕妈妈此时需要吃饱、吃好，为分娩准备足够的能量，促进分娩尽快完成。所以今天请准爸爸下厨为孕妈妈做一款催生食品，以助孕妈妈一臂之力。

红烧海参

材料 水发海参100克，瘦肉、白菜各200克。

调料 姜丝、葱丝、高汤、酱油、盐、糖、料酒、淀粉、蚝油、香油、胡椒粉、花生油各适量。

做法

1 将盐、糖、酱油、料酒、高汤调成煨料。再将蚝油、淀粉、香油、胡椒粉、清水调成芡汁。

2 将水发海参、姜丝、葱丝放入开水内煮5分钟，捞出海参，除去内脏洗净，切丝。瘦肉切成丝，加入酱油、淀粉、花生油拌匀，待用。白菜洗净，入沸水中焯一下捞出。

3 锅中下入花生油，烧热，放入姜丝、葱丝爆香，加入海参及煨料煮至海参软烂，放入瘦肉丝炖2分钟后加入白菜、芡汁，炒熟上盘即可。

功效 这道菜香郁松软，营养价值高，安胎并利于生产。

国学课堂

世有伯乐，然后有千里马。千里马常有，而伯乐不常有。

世上有识别马的伯乐，然后千里马才被发现。千里马一直都存在着，但是伯乐不是任何时候都有。

第268~269天 这样缓解产前焦虑

临近分娩，孕妈妈很容易紧张焦虑，所以此时的情绪调节很重要。如何来缓解产前焦虑呢？

知根知底就不会有无谓的担心。让自己了解分娩的全过程及可能出现的情况，了解分娩时该怎样配合医生，提前进行分娩前的训练，对减轻孕妈妈的心理压力会有很大的好处。

做好充分准备

定期做孕晚期的检查，丈夫此时要全程陪伴妻子，让妻子感受到家人对自己的关爱。

进行积极的心理暗示

多想一想宝宝，一想到马上就要见到日思夜想的小家伙了，是一件多么让人高兴的事啊。告诉自己“我的身体调养得很好，生宝宝没问题”、“宝宝和我一起在努力”等，这些积极的心理暗示会让你信心倍增。

适时入院待产

如情况良好，孕妈妈无须提早进医院待产，因为医院里的气氛会让孕妈妈产生紧迫感。因此在出现分娩征兆前，准妈妈应安心在家待产，当出现明显的征兆时，就可以去医院待产。

帮助孕妈妈保持产前好状态的生活方式

1. 保持良好的饮食习惯，均衡摄入营养。
2. 记录饮食情况，保证每日摄取所需的营养。
3. 学习一些新生儿护理的知识。
4. 学习分娩知识，参加分娩学习班。
5. 按摩乳房，为即将到来的母乳喂养做好准备。
6. 坚持锻炼，这会让你的分娩过程更加顺利，还会让你产后恢复得更加迅速。
7. 做好分娩计划，准备好分娩过程中所需要的东西，并放在最显眼的位置，让家里所有人都看得到。
8. 准备照相机或录像机，以便为宝宝拍下第一张照片，或录下宝宝初见世界的情景。
9. 想办法放松自己。
10. 分娩前拍一张照片留作纪念，留给宝宝以后看。

国学课堂

业精于勤而荒于嬉，行成于思而毁于随。

学业靠勤奋才能精湛，如果贪玩就会荒废；德行靠思考才能形成，如果随大流就会毁掉。

第270~271天 寄托思念的诗歌

静夜思

床前明月光，疑是地上霜。
举头望明月，低头思故乡。

——（唐）李白

黄鹤楼

昔人已乘黄鹤去，此地空余黄鹤楼。
黄鹤一去不复返，白云千载空悠悠。
晴川历历汉阳树，芳草萋萋鹦鹉洲。
日暮乡关何处是，烟波江上使人愁。

——（唐）崔颢

回乡偶书

少小离家老大回，乡音无改鬓毛衰。
儿童相见不相识，笑问客从何处来。

——（唐）贺知章

相思

红豆生南国，春来发几枝？
愿君多采撷，此物最相思。

——（唐）王维

国学课堂

蚍蜉撼大树，可笑不自量。

一只小小的虫子却想去摇动一棵大树，这种行为多么可笑，简直是不知天高地厚。

第272~273天 胎教故事：《小绿灯》

“小绿灯”是一只小萤火虫的名字。它会有什么故事呢？孕妈妈来给宝宝讲一讲吧。

天早黑了，萤火虫妈妈还不见小绿灯飞出来，就在草丛上飞来飞去，喊着“小绿灯，小绿灯！”这时，小绿灯藏在一片牵牛花的叶子下，声音抖抖地说：“我……怕……怕月亮笑话我！”

皎洁的月亮又圆又亮，挂在黑蓝黑蓝的天上。萤火虫妈妈很奇怪：“月亮为什么要笑话你？”小绿灯飞到妈妈身边说：“那还用说吗？我的小灯那么小，月亮却把半个地球都照亮了，月亮能不笑话我吗？”

小绿灯说话的声音很轻，可还是被月亮听见了。她微笑着说：“小绿灯，你真的很小，但你的光是自己发出来的呀！”小绿灯高兴了。他飞起来，仔细地瞧着自己点的小绿灯，对妈妈说：“可不，我的小灯虽然小，到底是自己发出的光啊！可不像月亮靠人家的光……”

萤火虫妈妈听了，皱起眉头：“孩子，刚才你瞧不起自己，是不对的；可现在，你怎么又瞧不起月亮了？”

小绿灯还是不服气：“月亮不是靠太阳才亮的吗？”萤火虫妈妈摇摇头，说：“孩子，你的小绿灯虽小，是自己发的光，你不必在月亮面前抬不起头；可月亮呢，虽然反射的是太阳的光，可她本身也发挥了‘反射’的作用啊！要是没有她，夜晚不也是一片漆黑吗？”小绿灯听着妈妈的话，越想越对，于是就同妈妈一起朝浓密的树林里飞去了。

皎洁的月亮照着小绿灯，小绿灯也向月亮闪着绿莹莹的光。

国学课堂

大凡物不得其平则鸣。

表面上说的是物体因为放置得不平产生振动而发出声响，实质上则是指人遇到不平事会表达自己的思想和主张。

第274天 按摩乳房，为哺乳做准备

乳汁不足的孕妈妈可以在产后用以下的方法进行按摩，增加乳房的血液循环，促进乳汁分泌量。乳量充足的孕妈妈就不必做此按摩了。

乳房按摩

（1）用热毛巾对整个乳房进行热敷。

（2）将一只手横放在一侧乳房上，另一只手压在该手上，双手重叠用力向胸中央推压按摩。

（3）将双手手指并拢放在乳房斜下方，从乳房根部振动整个乳房，然后用双手将乳房向斜上方推压按摩。

（4）从下面托起乳房，用双手向上推压乳房。

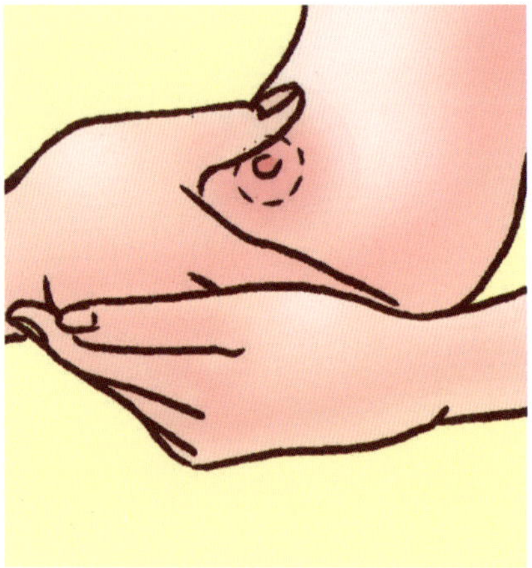

提醒：

以上按摩双手必须握住整个乳房，动作幅度要大。如感到乳腺团块从胸大肌上消失则按摩有效。一定不要乱揉捏，以免乳腺受伤导致乳房疼痛。当乳房胀硬时应暂停按摩，如乳汁分泌过多而乳管没有通畅时，乳汁将淤积在乳腺内，导致乳房变硬、疼痛，这时可用吸奶器将淤积的乳汁吸出，用一只手握住整个乳房，拇指自外向乳头方向即沿乳腺管的方向推压，以利于乳管通畅。

国学课堂

不塞不流，不止不行。

比喻只有破除旧的、错误的东西，才能建立新的、正确的东西。

第275~276天 名曲欣赏：听《维也纳森林故事》

孕妈妈仔细地听一听，《维也纳森林故事》在讲述着什么？那是一个晴朗的早晨，大森林如此的宁静。听，是什么声音由远及近地传来？有鸟叫声、马蹄声、铃铛声……

听音乐的时间

在晴朗的早晨，当阳光照进房间时，孕妈妈打开音乐，一边听一边享受着清晨温暖的日光，此时你可以告诉胎宝宝："生活真美好啊！"

跟着曲子想象

这首乐曲由序奏、五个圆舞曲和尾声构成，用活泼轻快又优雅流畅的旋律描绘了优美动人的风景。孕妈妈可以一边听，一边想象：春天的早晨，晨曦透过浓雾照进维也纳森林，鸟儿婉转鸣叫，小河波光粼粼，羊儿在草地上吃草，画面色彩斑斓。人们吹起角笛，唱起牧歌，并随着旋律轻歌曼舞，欢乐的场面散发着浓浓的奥地利乡土气息。

《维也纳森林故事》的创作

奥地利首都维也纳的郊区有一片美丽的森林，它离城市不远，吸引着千千万万的游人。这片森林也是许多居住在维也纳的大作曲家们经常光顾的地方，森林的美景常常激起他们的灵感。这首曲子的作者小约翰·施特劳斯是地道的维也纳人，《维也纳森林故事》就是他献给故乡的赞歌。

国学课堂

疾风知劲草，板荡识诚臣。

在狂风中才能看出草的坚韧，在乱世里方能显出忠臣的赤诚之心。

第277~278天 腹式呼吸让胎宝宝呼吸新鲜空气

胎宝宝现在个头很大了，腹中的空间对于他来说已经有些狭窄，此时，孕妈妈可以采用腹式呼吸法给胎宝宝运送新鲜空气。

腹式呼吸法可以在任何地点进行，当准妈妈感到疲劳时，可坐在椅子上，挺直脊背进行深呼吸。姿势要正确：脊背挺直，紧贴椅背，双膝和地面成90度角，全身放松，双手放在腹上，想象胎宝宝目前正在一个宽广的空间里，然后用鼻子吸气，直到腹部鼓起为止。吐气时稍微将嘴撅起，慢慢地将体内空气全部吐出，吐气时要比吸气更为缓慢且用力。

进行腹式呼吸法练习的时候，脊背要挺直哦！

国学课堂

天苍苍，野茫茫，风吹草低见牛羊。

天空是青苍蔚蓝的颜色，草原无边无境。大风吹过，隐没在牧草中的牛群和羊群才若隐若现。

第279~280天 可爱的小天使终于到来了

经过十个月的漫漫孕期，终于要跟可爱的小天使见面了！在这十个月当中，孕妈妈是否已经将宝宝的模样想了千百遍，那宝宝到底长什么样？孕妈妈一定迫不及待地想要看看是不是和自己想象的一样。在令人激动紧张的时刻到来的时候，孕妈妈一定要用心记录下这一刻哦。并且，可以将自己对宝宝的期待和祝福一起写下来，等将来宝宝长大成人的时候，可以将这一页有纪念意义的礼物送给他，这也会是最有纪念价值的礼物。

姓名：

出生时间：

星座：

体重：

身长：

国学课堂

十年树木，百年树人。

要使小树成为木料需要很长的时间，而培养一个人才则需要更多的时间。

附录 孕期正常参数表

胎宝宝在妈妈肚子中的发育情况

孕周	双顶径（平均值）cm	腹围（平均值）cm	股骨长（平均值）cm
16周	3.62±0.58	10.32±1.92	2.10±0.51
18周	4.25±0.53	12.41±1.89	2.71±0.46
20周	4.88±0.58	14.80±1.89	3.35±0.47
22周	5.45±0.57	16.70±2.23	3.82±0.47
24周	6.05±0.50	18.74±2.23	4.36±0.51
26周	6.68±0.61	21.62±2.30	4.87±0.41
28周	7.24±O.65	22.86±2.41	5.35±0.55
30周	7.83±0.62	24.88±2.03	5.77±0.47
32周	8.17±0.65	26.20±2.33	6.43±0.49
34周	8.61±0.63	27.99±2.55	6.62±0.43
36周	8.81±0.57	29.44±2.83	6.95±0.47
38周	9.08±0.59	30.63±2.83	7.20±0.43
39周	9.21±0.59	31.34±3.12	7.34±0.53
40周	9.28±0.50	31.49±2.79	7.40±0.53

注：对于上述数据，孕妈妈不要过于紧张，特别是中后期，由于胎宝宝在腹内活动幅度较大，加上胎儿体位的不同，还有医生的个体操作差异，都可能会有数字误差，有时甚至波动幅度会很大。超过30周，理论上允许有上、下两周的误差，所以一旦报告结果和参考值有出入时，也不必太紧张。复查后确实有问题，再咨询医生，寻求解决方案。

孕妈妈孕期的腹围变化情况

孕周	腹围下限cm	腹围上限cm	标准cm
20周	76	89	82
24周	80	91	85
28周	82	94	87
32周	84	95	89
36周	86	98	92
40周	89	100	94

注：测腹围是通过测量平脐部环腰腹部的长度了解子宫横径大小、对应宫底高度，以便了解宫腔内的情况及子宫大小是否符合妊娠周数。腹围受孕妇自身胖瘦影响很大。

孕妈妈孕期的宫底高度情况

孕周	手测宫高	尺测宫高(cm)
满12周	耻骨联合上2～3横指	—
满16周	脐耻之间	
满20周	脐下一横指	15.3～21.4
满24周	脐上二横指	22～25.1
满28周	脐上三横指	22.4～29
满32周	脐剑之间	25.3～32.0
满36周	剑突下二横指	25.3～32.0
满40周	剑脐之间	25.3～32.0

注：通过测量宫底高度，如发现与妊娠周数不符，过大过小都要寻找原因。如做B超等特殊检查，查有无双胎、畸形、死胎、羊水过多、过少等问题。

反侵权盗版声明